이토록 끌리는 영화

이동기의 영화 노트

이토록 끌리는 영화

이동기의 영화 노트

시간의 숲

    글이 막힐 때마다 책을 찾아보고는 한다. 자주 찾는 책은 배우 박정민의 〈쓸 만한 인간〉인데, 글이 짧고 간결해 문장이 매끄럽게 술술 읽히는… 그런 것보다 사실 재미가 있어서다. 재미있는 책은 언제나 독자의 사랑을 받는다. 꼭 내용이 아니라 문장이 재미있어도 인기가 있다. 〈죽고 싶지만 떡볶이는 먹고 싶어〉는 제목 자체가 재미있어 눈길을 끈다. 사람들에게 영화를 쉽게 이야기해야 하는 나로서는 그 재미를 만들기가 참 어렵다. 특히 재미있는 영화가 아니면 더욱 힘든 작업이다. 그래서 글이 자주 막힌다는 핑계 아닌 핑계를 대본다. 내가 봐도 읽기에 따분하고 부담스러운데, 나는 그동안 무엇을 믿고 여러 출판사와 출간에 대해 이야기를 나눠 왔던 것일까.

    어느 지인께서 내 글을 보고 글과 글 사이, 문장 속에 숨은 의미가 너무 많다는 의견을 주셨다. 독자가 읽기 수월하도록 만들기 위해 저자만의 의미를 풀어내야 한다는 말이었다. 사실, 반은 동의

하지만 절반은 나름의 변명이 있다. 숨은 그림의 정답에 많은 힌트를 두면, 마치 낚시꾼이 고기 잡는 법을 알려 주는 게 아닌, 고기를 직접 잡아주는 모양이 될 것 같아서다. 평론과 비평은 다분히 어렵고 자기만의 틀을 갖고 있다. 그 틀은 고기 잡는 법을 알려 주는 게 아닌, 고기 잡는 법을 그저 보여주는 것일 뿐이다. 나는 고기 잡는 법을 알려 주기를 원한다. 영화는 숨은 장치를 모두 이해해야 재미있는 게 아니다. 그것은 삶을 이해하는 방법이고, 그래서 영화는 재미있다.

완벽한 삶(perfect life)에 관한 칼럼을 읽었다. 일종의 '워라벨'(work and life balance)이 아닌 '워라블'(work and life blending)의 시대를 강조하고 나선 이 글은 현대사회를 블로그나 유튜브, 또는 그 어떤 매체가 됐든 간에 누구나 제2의 삶을 살아가는 시대, 즉 자신의 생각을 표현하고 기획하고 펼쳐나가는 장(場)이 활짝 피는 그런 시대로 정의했다. 현대사회는 그래서 참으로 복잡하고 참으로 경이롭다. 쉽지 않고 움직이며 모든 게 역동적으로 넘쳐나는 모습 때문이다. 사실 요즘은 영화가 이 복잡한 현대사회를 제대로 담아낼 수 있을까 염려되기도 한다. 우리가 알고 있는 형태의 영화가 언제까지 이 모습을 유지할 수 있을까.

나는 영화가 복잡한 현대 상(相)을 전하는 매개체를 넘어 하나의 '소통'하는 기제가 되기를 바란다. 소통은 나와 너의 서로 다른 생각이 교차하는 지점이다. 물론, 하나의 영화를 두고 같은 생각, 같은 의견을 피력하기는 쉽지 않지만, 오히려 다른 생각과 다른 의견이 만나 격렬하게 부딪히는 지점이 훨씬 더 흥미롭고 활력 있는 모습이 아닐까. 우리가 마주할 미래는 바로 그런 재미가 필요할 것 같다. 나는 관객이자 독자들이 영화를 어렵게 받아들이지 않기를 바란다. 영화는 미장센, 클리셰 등 복잡한 언어로 그들만의 영역을 구축해서는 안 되기 때문이다. 나는 이 책이 영화를 제대로 설명하며 소통하는 창구가 되었으면 좋겠다. 그 속에서 재미는 덤이다.

즐겨 보는 한 유튜브 채널은 '행복'의 가치를 새롭게 정의한다. '행복은 잔잔하지만 불행은 요란하다.'라는 문장으로 시작된 그 영상은 우리가 지금 행복을 느끼지 못하는 이유가 요란한 불행이 없기 때문이라고 말했다. 생각하면 행복이 요란하게 내 곁을 찾아왔던 것은 극히 드물었다. 좋은 소식도 미처 생각하지 못한 상황에서 살며시 내 문을 두드렸고, 조용한 일상 속 기쁨도 잔잔하게 내 옆구리를 파고들었다. 사실 영화도 그렇지 않은가. 요란한 불행보다 잔잔한 행복의 여운을 전하는 경우가 더 많으니 말이다. 이처럼 세상은 행복으로 가득 차 있다. 그 잔잔한 행복의 여운과 삶의 재미를 함께 즐기실 분을 격렬히 환영한다.

2024년 11월

이동기

| 차례 |

2. 여름... 리듬 있는 재즈 선율, 뽀얀 카푸치노

3. 가을... 진한 하루의 흔적, 에스프레소

4. 겨울... 노을빛 저녁 한 잔, 아메리카노

추천의 글

1부_ 봄

햇볕 내리쬐는 카페 한 공간, 카페라떼

『"할 말이 없는 예쁜 목소리는 차고 넘쳐. 넌 할 말이 있니?"

여기서 우리는 이 영화가 자신만의 단어로 관객과 대화하고 싶어
한다는 사실을 이해하게 된다.』

내 가슴속 자전거

코다
(CODA, 2021)

보이지 않는 것에 시선을 묶어 두는 게 얼마나 어려운 일인지 잘 안다. 오랜 시간, 나 역시 어두운 음영의 시기를 거쳐왔기에 따뜻한 관심과 차가운 시선의 차이가 무엇인지 비록 작은 경험이었지만 너무나 잘 알고 있다. 그래서 영화를 보며 인물의 감정이 가슴속 깊숙이 들어오는 특별한 순간을 마주할 때마다, 그 감정을 잘 추스르려고 노력한다. 2014년 작품인 영화 〈이프 아이 스테이〉(If I Stay, 2014)는 '떠나간 이'가 아닌, '남겨진 이'의 아픔을 조명해 화면에 담아낸 작품이다. 처지를 바꿔 보면 죽은 게 얼마나 억울하고 가슴 아프겠는가마는, 그 슬픔마저도 죽은 이가 아닌 이별을 맞이한 남겨진 이들의 몫이라는 이야기다. 이러한 의미를 담은 시선도 영상의 표출도, 사실 우리는 누구나 충분히 공감하지 않을까 싶다. 이외에도 장애인이 아닌 '장애인을 보살피는 이'를 바라보거나, 환자가 아닌 '간병인'의 삶을 살펴보는 것 또한 유사한 느낌을 얻게 될 것 같다. 영화에서라면 주연이 아닌 조연을 바라보는 시선조차 나름 유의미한 가치를 가진다. 우리 삶의 내러티브는 이처럼 주인공 혼자서만 이끄는 것이 아니다. 어느 날 내 마음에 훅 들어온 영화 〈코다〉(2021)는 주인공 같지 않은 주인공의 내면을 읽어내려 애쓰는 작품이었다. 루비(에밀리아 존스 분)는 코다(Children of Deaf Adults: 농인 부모의 자녀)의 삶을 살아가는 인물이다. 그녀는 청각 장애가 있는 가족을 위해 그들의 입과 귀를 평생 대신해 주는 모습으로 비친다. 분명 가치 있는 시간이지만, 그녀에게 이는 오랫동안 자신의 몸에 밴 생선 냄새와 같이 언젠가 벗겨내야 할 냄새이기도 했다.

그런 루비가 평소 흠모해 왔던 남자친구 마일스(퍼디아 월시−필로 분)를 따라 학교의 합창단에 발을 들였을 때, 어쩌면 이 영화는 영화 〈와일드 로즈〉(Wild Rose, 2018)와 비슷한 방향으로 가고 있다는 생각이 들었다. 젊은 시절, 실수로 전과 경력을 갖게 된 두 아이의 엄마 로즈(제시 버클리 분). 짜여진 굴레의 삶에 답답함을 호소하던 그녀는 노래를 통해 세상 밖으로 나가겠다는 꿈과 희망을 머금는다. 하지만 그녀가 노래를 단지 도구 그 자체로만 생각했다면, 영화는 생각보다 따분하고 정형적인 이미지만을 선사하지 않았을까. 이 영화 〈코다〉도 그런 부분에서 영화 〈와일드 로즈〉를 참 많이 닮았다. 청각 장애 가족을 루비가 가진 장벽으로만 인식하게 하지 않고, '소통'과 '가족'의 키워드를 동시에 강조하고 있기 때문이다. 합창단 시험 당일, 친구들의 실력에 기가 죽어 무작정 그곳을 뛰쳐나온 루비는 아무도 없는 호숫가를 찾아가 홀로 자신만의 노래를 부른다. 이날 음악 선생님 미스터V(에우헤니오 데르베스 분)는 자신의 생일을 축하해 달라며 생일 축하곡을 시험 곡으로 정했는데, 이 장면에서 루비가 호숫가에 앉아 부른 '해피 버스 데이 투 유'는 마치 선생님이 아닌 자기 자신을

이토록 끌리는 영화

위한 생일 축하처럼 들려온다. 그녀의 가녀린 목소리가 마치 그동안의 오랜 노고를 스스로 위로하는 따뜻한 손길처럼 느껴졌기 때문이다.

영화는 이처럼 시작부터 이야기하고자 하는 바를 분명하게 밝히고 나선다. 그리고 이를 쉽게 이해할 수 있도록 직접 표현하는 것 또한 잊지 않는다. 루비는 사람들이 쉽게 마주하지 못하는 그녀 가족의 청각 장애 대화가 오직 자신만을 거쳐 소통한다고 생각한다. 이 생각은 그녀 스스로 굉장한 압박감에 갇히게 만드는데, 감독 션 헤이더는 이를 영상으로 표현해 이러한 그들 가족의 소통이 과연 올바른 과정을 거치고 있는 것인지, 보는 관객이 과연 그들이 나누는 소통을 제대로 이해하고 있는지에 물음표를 붙인다. 이 때문에 영화 속 루비는 노래로 자신의 상황을 표현하고 또 자신의 모습을 어떻게 받아들여야 할지를 충분히 고민하는 장면을 보여준다. 마일스와 함께 금지된 절벽에서 다이빙을 즐기며 그동안 금기해 왔던 자신을 둘러싼 굴레를 벗어던지는 모습도 이러한 과정에 해당하는 것처럼 보인다. 결국 루비의 가려진 의식은 이와 같은 반복된 행위로 화면 속에서 계속해서 표출되는 부분이라 하겠다. 미스터V가 처음 루비에게 건넨 말, "할 말이 없는 예쁜 목소리는 차고 넘쳐. 넌 할 말이 있니?"라고 했던 질문도, 그리고 평소 아빠, 오빠와 함께 새벽마다 해왔던 고기잡이에 그녀가 어느 날 말없이 불쑥 나타나지 않았던 것도 이와 같은 맥락일 테다. 여기서 우리는 이 영화가 자신만의 단어로 관객과 대화하고 싶어 한다는 사실을 이해하게 된다.

영화가 말하고자 하는 것은 단지 청각 장애로 인한 불통의 아픔과 그 환경에 놓인 한 소녀의 슬픔이 아니라는 것을 말이다. 오히려 감독은 비장애인들 사이에도 개인과 개인 사이에 끊어져 있는 대화의 끈을 조명하며, 눈에 보이는 그리고 귀에 들리는 표면적인 연결보다, 개개인의 내면에 그 대화의 의미와 가치가 점차 내재화해 가는 과정이 더욱 중요하다고 주장한다.

메시지 전달에 귓가를 속삭이는 멜로디 하나하나 또한 매우 중요한 역할을 하는데, 오랫동안 받아들이지 못했던 가족들 서로의 솔직한 마음을 비로소 끌어안게 되는 기제로서, 그리고 관객의 마음을 애틋하게 어루만져 주는 요소로서도 그렇다. 학교 음악회에 참석한 아빠 프랭크(트로이 코처 분)와 엄마 재키(말리 매트린 분), 그리고 오빠 레오(다니엘 듀런트 분)가 눈에 보이지 않는 노랫소리에 귀 기울이지 못하다가, 어느 순간 사람들의 손뼉 치는 모습과 율동에 눈을 뜨고 조금씩 서서히 손뼉을 맞춰 가는 그 과정도 마찬가지다. 여기에 마일스와 루비가 듀엣곡을 부를 때 영화가 만드는 감정의 고조는 관객에게 전하는 감동의 절정이 된다. 설마 그 순간 세상의 모든 귀를 접어버린 채 그들만의 세상으로 관객을 끌어안을 줄 누가 알았으랴. 그 아름다운 순간에 이 영화는 귓가를 가득 채우는 그 존재를 정말 완벽하게 감춰버리고 만다. 그것은 바로 우리가 아닌 그들의 시선으로 들어가 외쳐 보는 것과 같다. 그 순간의 전율과 감동을 귀가 아닌 눈에 듬뿍 담을 수 있게 말이다. 우리가 감히 이를 제대로 이해했다고 자신 있게 말할 수 있을까? 세상에서 가장 아름답고도 역동적인 그 고요함을 과연 충분히 받아들였다고 이야기할 수 있을까? 이 때문에 루비가 버클리음대 입시에서 부른 조니 미첼(Joni Mitchell)의 '이제 양쪽에서'(Both Sides, Now)라는 곡의 의미가 남다르게 다가올 수밖에 없을 듯싶다. "이제야 인생을 양쪽에서 바라볼 수 있게 됐다."라고 말하는 가사의 한 구절은 그녀의 목소리를 빌려 내뱉은 우리 모두의 솔직한 마음일 것이다. 1993년 모 의류업체의 TV-CF에서, 배우 한석규의 눈가를 비추던 자전거 미러에 반사된 햇빛, 나지막이 속삭이듯 한 목소리 "그의 자전거가 내 가슴속으로 들어왔다."라는 그 한마디 말처럼.

우리가 마주해야 할 흑표범

쁘띠 마망
(Petite Maman, 2021)

엄마는 어릴 적 이야기를 줄곧 꺼냈다. 지금처럼 카메라가 흔하지 않던 시절. 그 어릴 적을 훔쳐볼 수 있는 것은, 빛바랜 흑백사진 몇 장과 엄마의 입에서 흘러나오는 이른바 옛날옛적에 뿐이었다. 그때를 쉽게 돌이킬 수 없는 것은, 이제는 아쉬움으로 남은 추억이자 한편으로 엄마의 비밀로 남게 된 그녀만의 공간이기 때문이 아닐까. 작가 로이 T. 베넷은 "과거는 참조의 장소일 뿐, 거주의 장소가 아니다."라고 했다. 과거를 떠올리고 배우는 것은 좋지만, 그 안에 머무르지 말라는 지혜로운 말이다. 그렇다면, 엄마의 과거를 들여다보는 것은 전자와 후자 중 어느 쪽에 치우치는 이야기일까. 영화 〈쁘띠 마망〉(2021)에서 넬리(조세핀 산스 분)는 어른들이 어릴 적 그들의 '진짜 이야기'를 들려주지 않는다고 투덜거린다. 그러나 그 것은 어쩌면 그 안에 머무르지 않기를 바라는 어른들의 진심 어린 조언일지도 모른다. 영화는 우리 삶 속 엄마의 존재를 조명하고, 이를 통해 자식을 대하는 그녀의 역할과 개인으로서의 인생을 읽어내고자 노력한다. 셀린 시아마 감독은 자신의 대표작 〈타오르는 여인의 초상〉(Portrait of a Lady on Fire, 2019), 〈톰보이〉(Tomboy, 2011) 등

이토록 끌리는 영화

에서 그랬듯이, 이번에도 작은 이야기로써 거시적인 삶에 대한 통찰을 시도하고 있는 것으로 보인다.

소녀 넬리가 요양원 각 방을 돌며 그 방의 주인인 할머니들과 작별 인사하는 장면. 공간에서 공간으로 카메라가 원테이크로 천천히 이동하지만, 사실 공간이 아닌 대상과 대상으로 이어지는 끈이 더 강하게 느껴진다. 단순한 개인이 아닌 힘없이 앉아 있는 노인이 그 자리에 있기 때문이다. 한 명의 노인에서 또 다른 노인으로, 또 노인에서 노인으로, 그리고 결국에는 자신의 엄마를 떠나보낸 엄마의 뒷모습으로 이어지는 이 장면은, 영화의 전반적인 분위기를 강조하고 있다고 보아도 과언이 아니다. 그만큼 이 공간에서 보이는 플롯(plot)은 힘이 있다. 그것은 바로 10대 소녀의 시선이 노인에게로, 그리고 중년에게로 건너가는, 즉 세대와 세대를 연결하는 요소를 제공해 주기 때문이다. 어쩌면 여기서 관객이 찾아야 할 것은, 영화의 이야기를 받아들이기 전 전체적인 맥락을 어떤 시선으로 바라봐야 할지, 이에 대한 적절한 제안을 건네고 있기 때문이 아닐까. 이처럼 영화 〈쁘띠 마망〉은 '작은 엄마'라는 의미의 표제에서 이미 주목할 대상을 드러냈음에도 불구하고, 이야기를 시점 차이라는 독특한 방식으로 전하고 있음에 관객의 관심이 특별하게 드러나는 영화이기도 하다.

할머니와 제대로 된 작별 인사를 하지 못한 채 그녀를 떠나보낸 소녀 넬리는, 할머니의 집으로 돌아와 며칠간 아빠 엄마와 함께 남은 유품을 정리하는 시간을 가진다. 그 과정에서 집 뒤로 나 있는 숲길에서 혼자만의 시간을 갖게 된 넬리는, 어느 날 우연히 또래 친구 마리옹(가브리엘 산스 분)을 만난다. 엄마와 이름이 같은 그 친구에게 묘한 감정을 느끼게 된 넬리는 그녀와 함께 나뭇가지를 모아 오두막을 짓거나 마리옹의 집에서 연극 놀이를 하는 등 시간을 보낸다. 그리고 어느 순간, 그녀는 친구 마리옹이 단순한 친구가 아닌 엄마의 과거를 잇는 인물이라는 생각을 하게 된다. 영화에서는 뿌리째 뽑혀 쓰러진 나무가 하나의 타임슬립을 발생시키는 기표로 등장하는데, 이는 아마도 엄마의 존재를 강조하기 위한 좋은 표본이 되는 듯하다. 이를테면, 영화가 말하고자 하는 '엄마'를 두고 이야기하는 '존재론'과 '역할론'이 바로 그것이다. 이창동 감독의 영화 〈버닝〉(Burning, 2018)이 부존재의 존재를 인식하고자 한 것에 주안점을 뒀다면, 이 영화 〈쁘띠 마망〉은 존재의 부존재를 말하고자 한다. 한마디로 제대로 된 역설의 논리를 파헤치는 것처럼 말이다.

넬리의 엄마는 친구 마리옹이 나타난 날, 갑자기 아빠와 자신을 남겨두고 사라진다. 단순한 타임슬립으로 치부하기에는, 영화 속 이 장면은 너무나 또렷하고 너무나 현실적이다. 심지어 친구 마리옹과 함께하는 중년의 여인(넬리의 할머니)조차 넬리를 명확하게 인식하고, 아빠 또한 친구 마리옹과 함께 대화를 나눌 정도다. 그러니까 엄마가 사라진 것은 어린 마리옹이 새롭게 등장한 것과 또 다른 측면에서 이해될 수 있다. 즉, 할머니가 돌아가시면서 엄마에게 커다란 상실감을 안겨준 것처럼, 넬리에게도 엄마가 사라짐으로써 똑

이토록 끌리는 영화

같은 상실감을 발생시키고, 이 상실감이 앞에서 말한 '존재론'을 부각시킨다는 것이다. 여기서 '엄마'의 존재가 가진 '역할론'을 함께 끄집어낼 수 있는데, 엄마가 부재할 때 그 역할을 강조하는 게 어린 엄마, 즉 '쁘띠 마망'이 등장한 이유이기 때문이다. 넬리가 숲에서 어린 마리옹을 처음 만났을 때, 그녀는 나뭇가지를 모아 오두막을 만드는 중이었다. 숲과 오두막은 어린 마리옹에게 외로움을 극복할 수 있는 새로운 '안식처'를 제공하는 대상으로, 이는 마리옹 스스로 안식처가 필요함을 대변하는 것과 동시에, 넬리에게 새로운 안식처로 다가가는 역할을 맡고 있음을 드러내는 것처럼 보인다. 앞에서 말한 '역할론'에 힘을 부여하는 의미를 더하기도 하고 말이다.

영화는 처음부터 줄곧 넬리의 시선을 따라가는 듯하지만, 이때부터 조금씩 엄마 마리옹의 시선, 그리고 삶을 좇아가는 모습을 비춘다. 엄마를 잃어버린 상실감을 이미 영화의 첫 장면에서 그녀의 쓸쓸한 뒷모습으로 충분히 보여준 듯하지만, 그런데도 그녀의 부재로 인해 '존재'와 '역할'의 혼합된 영역을 한꺼번에 강조하는 게 바로 그것이다. 애초에 벽장 속에서 찾아낸 패들볼도 엄마의 부재를 강조한 게 아니었던가. 줄이 끊어져 숲으로 날아가 버린 공 또한 어린 마리옹과 이어지는 하나의 수단이었으니 말이다. 결국, 두 아이가 이별을 앞두고 함께 보내는 하룻밤은 단순히 '마리옹'과 '넬리'가 아닌, 엄마와 딸이 서로에게 어떤 존재와 역할로 영향을 미치는 대상인지에 대한 모습을 표현하는 장면일 것이다. 헤어지는 날, 둘이 함께 강에 놀러 가 피라미드 조형물 내부에 그려진 하늘과 별을 감상하는 것도 이와 마찬가지다. 두 사람이 함께 삶을 개척하고 함께 여행하는 것에 대한 또 다른 표현이라는 생각이 들 정도니까. 처음부터 줄곧 사운드트랙을 허용하지 않았던 감독 셀린 시아마가 유일하게 이 장면에서 이를 허용할 정도라면, 영화의 가장 설득력 있는 메시지를 지닌 장면이라고 보아도 좋겠다.

엄마 마리옹이 넬리에게 들려준 흑표범 이야기는 넬리가 성장하며 함께해야 할 존재였다. 어둠에 익숙해질 때까지 기다려야 비로소 흑표범이 나타난다는 엄마의 말은, 엄마가 존재하지 않아도 넬리 혼자서 삶을 개척할 수 있어야 한다는 엄마의 바람이자 용기를 건네는 조언이기도 하다. 결국, 넬리는 어린 마리옹과 함께하며 비로소 흑표범을 마주할 수 있었고, 이로써 넬리는 한 단계 높은 성장을 이루어냈다고 봐도 좋을 것이다. 할머니와 제대로 된 작별 인사를 나눌 수 있을 정도로 말이다. 영화 〈쁘띠 마망〉은 엄마에게는 할머니가, 자신에게는 엄마라는 대상이 내게 줄 수 있는 영향력, 그 힘을 '존재'와 '역할'의 영역으로 아름답게 그려냈다. 생일 파티 노래를 한 번 더 불러달라고 했던 것도, 스프를 먹고 한 번 더 뱉어냈던 것도, '엄마'와 '나'라는 존재와 역할이 하나의 선상에서 그려지고 있음을 강조했던 것이다. 결국, 두 사람은 삶을 함께하는 동반자이고, 이 동반자는 서로를 항상 의지하며 때로는 독립적으로 때로는 상생하며 살아갈 수밖에 없다. 그들 서로의 존재를 인식하고 역할을 받아들이는 것, 그게 바로 그들이 자신에게 건네는 질문이 아닐까. 넬리와 마리옹이 그랬던 것처럼.

이토록 끌리는 영화

그녀랑 있으면 뉴욕이 느껴져

미스트리스 아메리카
(Mistress America, 2015)

아이가 만화책 한 권을 집어 든다. 재밌게 깔깔거리며 웃고 있는 모습을 본 엄마의 언성이 높아진다. 왜 허구한 날 만화책만 보고 있냐고. 독후감 방학 숙제도 해야 하니 이왕이면 유익한 내용을 담은 동화책을 보는 게 어떻겠냐고. 아이가 눈이 동그래진 채 되묻는다. "만화책을 읽고 독후감을 쓰면 안 되나요? 그냥 만화도 아니고 학습만화인데." 별안간 엄마의 말문이 막힌다. 틀린 말은 아니다. 만화가 무슨 죄라고. 내가 어릴 적에는 만화책을 손에서 놓은 적이 없었다. 그럴 때마다 어른들은 만화책을 더러운 것 마냥 저리 밀어두기 바빴다. 그들의 시선에서 만화는 그저 저급하고 유해한 내용을 담고 있다고 생각한 것 아닐까. 딱딱한 글자와 선이 고운 그림들로 가득 찬 동화책은 고귀하고 고결한 모습이고, 만화책은 그저 아이들이 보는 수준 낮은 책으로 취급했던 것 같다. 돌이켜보면 내 인생에 큰 영향을 미친 동화책은 손가락에 꼽을 정도다. 오히려 인상 깊게 봤던 만화책의 한 장면 한 장면이 기억 한 편에 꽂혀 있다. 네 자매의 성장 이야기를 다룬 〈작은 아씨들〉도 영화보다 만화로 봤던 장면들이 기억 속에 생생하다. 〈빨강머리 앤〉은 불우한 환경을 딛고 아름답게 성장하는 주인공 앤의 이야기를 그렸지만, 화면은 불우한 환경 자체를 조명하지는 않았다. 오히려 특별한 환경 속에서 일어날 수 있는 풍성한 이야기를 만들어 그녀의 삶을 더욱 긍정적으로 채색하지 않았나 싶다. 언젠가 나의 아이들에게 주디 갈랜드가 출연한 영화 〈오즈의 마법사〉(The Wizard of Oz, 1939)를 보여준 적이 있다. 어찌나 재미있어 하던지, 언젠가는 그 속에서 OST 〈Over the Rainbow〉가 가진 의미를 함께 이야기 나눌 수 있기를 바란다.

아이들이 성장하는 데 있어 내외적인 성장 이야기는 만화나 영화를 가리지 않고 모두가 다양하고 풍성한 경험을 하게 해 준다. 이러한 성장 이야기로 느끼고 경험할 수 있는 특별한 감정과 교훈은 우리가 성장하는 데 커다란 거름이 된다. 그들은 때로는 현실적이고 어려운 환경 속에서도 각자의 노력으로 이를 극복하며 자기 자신을 가꾸어 가는 과정에 익숙하다. 그 안에서 자신만의 이야기를 만들어 스스로를 주인공으로 탄생시킬 줄 안다. 이는 전형적인 성장 드라마의 구조라고 할 수 있지만 이 영화 〈미스트리스 아메리카〉(2015)는 성장 그 자체에 집중한 작품은 아니다. 오히려 트레이시와 브룩, 두 사람이 가진 특별한 관계로 청춘의 모습을 새롭게 만들어 갈 수 있다는 해석을 끌어낸다. 노아 바움백 감독의 이 영화는 독특한 배경과 재미나게 얽힌 서사 구조로 사람들의 이목을 집중시킨다. 한 사람보다 두 사람 사이의 관계를 읽어내고 그 거리감을 '줄였다 늘였다' 하면서 함께 성장하는 이야기를 만들어 낸 듯하다. 그래서, 이 영화는 전형적인 성장 드라마와는 꽤 다르다. 외적 변인에 의한 날카로운 자극에 힘겨워하는 인물보다 소통하는 유대 관계의 중요성으로 자체적인 재생산 과정을 그렸다고나 할까. 주인공 트레이시 (롤라 커크 분)는 영화의 시작부터 꽤 어수선하다. 바라던 뉴욕 소재 대학에 입학했지만 그녀가 꿈꿔 왔던 대학 생활과는 거리가 멀다. 새로운 공부를 배우는 것도, 새 친구를 사귀는 것도, 뉴욕이라는 대도시에 적응하는 것도 그녀가 생각한 대로 이뤄지지는 않는 모양이다. 그녀는 이러한 불통을 해소하기 위해 누군가와 대화하며 그 물꼬를 트고 싶어 했다. 문학 동아리 '모비우스'에 집착한 것도 당초 문학에 관심이 있었기보다 그저 한 집단에 소속되어 자신의 존재감을 인식하기 위해서였다. 그게 수포로 돌아가자, 결국 그녀는 학교 내에서의 입지보다 '뉴욕'이라는 대도시를 둘러싼 자신의 환경에 더욱 집중하려고 한다.

곧 재혼을 하게 되는 엄마와 통화해도, 새롭게 만나게 될 새아빠도 그녀의 고민을 현명하게 풀어주지는 못한다. 오히려 그녀는 새로 가족이 될 언니 브룩(그레타 거윅 분)에게 어려운 연락을 시도함으로써 뉴욕에서 살아가는 어려운 처지를 이해하고 동질감을 느끼기를 원했다. 노아 바움백 감독은 세밀한 이야기와 간결하고 빠른 대사로 이야기 전개를 속도감 있게 가져간다. 정신없이 흘러가는 이들의 이야기들은 뉴욕이라는 미국 최대 도시 속 뉴요커들의 삶을 그대로 대변한다. 뉴욕에 입성한 이들의 시작은 눈에 보이는 그대로 '적응'하기 위함이 첫 번째 과제였다. 브룩이 돈을 벌어 성공하고자 노력하고 있는 것도 사실 알고 보면 뉴욕이라는 도시에 적응하는 게 목적이다. 트레이시와 브룩은 각자가 꿈꾸는 이십대, 삼십대의 젊음을 발 딛고 치열한 삶을 살아가며 그들의 이십대와 삼십대의 초입에 각각 '적응'하고자 노력한다. 표면적으로는 '문학'과 '섹스'가, 그리고 '돈'이 목적인 듯 보이지만, 그들의 청춘은 결국 이보다 자신을 옭아매는 것들에서 자유를 얻기 위한 과정이다. 앞서 언급한 '문학'과 '섹스', 돈' 등은 이의 달성을 위한 과정에 불과할 뿐이다. 트레이시가 작성한 소설 〈미스트리스 아메리카〉가 브룩의 모습을 묘사한 일대기인 것도, 그로 인해 브룩을 기분 나쁘게 만든 것도, 모두가 청춘의 시기를 거쳐 가는 과정이었다. 사과하고 글을 고치라는 권유를 받지만, 트레이시가 이를 거부하고 고집부리는 것도, 자존심이라기보다 트레이시 자신의 삶을 받아들이는 삶에 대한 이해가 우선되었기 때문이다. 물론 그녀가 소설에서 묘사한 것처럼 브룩을 순수하게 비판적인 시각으로만 바라보고 대했다면, 애초부터 브룩이 열고자 하는 레스토랑에 자신을 웨이트리스로 끼워 달라고 하지도 않았을 테니까 말이다. 이렇게 본다면, 사실 트레이시는 브룩을 처음 만난 날부터 그녀가 살아가는 새로운 방식의 삶과 도전에 감탄하고 있었던 것이다. 그리고 그녀는 그런 브룩의 모습에 자신을 적응시킬 시간이 필요했던 게 아니었을까.

영화의 첫 장면에서 트레이시는 대학 생활만으로 진정한 뉴욕을 느끼지 못했다. 오히려 브룩과 함께 있을 때, '아, 이 생활이 바로 뉴요커의 삶이구나.' 하고 청춘의 재미를 온몸으로 느낀다. 결국 '뉴욕'을 느끼고 있던 게 아니라 '청춘'을 제대로 맛보고 있었던 셈

이토록 끌리는 영화

이다. 이는 단지 브룩의 생활과 이상을 배우고 따라하는 데 급급했던 것은 아니다. 그녀가 브룩과 함께 있을 때 진정한 뉴욕 생활을 느꼈듯이, 그녀가 바랐던 진정한 이십대의 모습을 그 속에서 찾을 수 있었기 때문이다. 다양한 파스타 종류를 앞에 두고 하나를 제대로 고르지 못해 이것저것 다 구입하는 모습 또한 그녀의 속마음을 증명하는 부분이라고 하겠다. 그 때문에 트레이시가 작성한 소설 〈미스트리스 아메리카〉는 브룩에 대한 단순한 비난이라기보다는 브룩한테서 느끼는 이십대에 대한 간접적 삶의 표상을 있는 그대로 글로 표출한 것이라는 생각이다. 그녀가 그토록 바랐던 문학 동아리를 탈퇴하고 경외하던 서류가방을 던지는 모습마저도 성숙과 발전의 단계를 거쳐 새롭게 일어서는 모습이다. 엄마와 새아빠의 결혼 무산, 관심 있어 하는 남자친구에 대한 강한 유혹, 브룩의 레스토랑 개업 실패 등은 그들이 각자의 청춘을 걸어가는 과정에 실패가 아닌 큰 자양분으로 남는다. 트레이시가 끝까지 브룩에게 사과하지 않으면서도 함께 걸어가고자 먼저 손을 내미는 그 모습마저도 말이다. 영화의 마무리는 한 단계 더 성장한 그들의 모습을 비춘다. 하지만 그것은 그들이 겪은 실패와 아픔에서 비롯된 게 아니라, 서로의 존재를 인정하고 적응했다는 측면에서다. 어지러운 환경을 벗어나 비로소 안착했다는 데 대한 안도와 기쁨, 바로 그것이다.

사람 냄새를 느낀다

라디오 스타
(Radio Star, 2006)

    과거에 미련을 남기는 행위가 누구에게나 반가울 리 없다. 지난 과거의 흔적을 지우고 싶어서가 아니라, 그저 '미련'이라는 두 글자를 대하는 시선의 정의가 그렇다는 이야기다. 물론 선택은 개인의 몫이지만, 그런데도 사실 이러한 정의에 개인적으로 반대한다. 그 대상이 사람이든 무엇이든 간에, 과거는 현재의 자신을 있게 만든 자산이자 우리가 세월이라고 부르는 부분이기 때문이다. 과거에 얽매이는 것보다 차라리 과거를 포함해 현재를 인정하고 받아들이는 게 중요하겠다. 좋은 방향이건 나쁜 방향이건 그것은 중요하지 않다. 자신의 생애를 두고 시간의 흐름에 아무런 의미를 부여하지 않는 것만큼 어리석은 것은 없을 것이다. 지나간 아픔에 미련을 남기는 것보다 이를 머릿속에 욱여넣고 반드시 잊지 않는 게 더 중요하지 않을까. 영화 〈라디오 스타〉(2006)를 보면, '미련'이라는 두 글자를 너무나 쉽게 정의하고 있는 게 아닌지 이에 대한 아쉬운 마음을 펼치게 된다. 이 영화는 흘러간 슈퍼스타였던 연예인이 어느 작은 마을 방송국의 지역 라디오 DJ를 맡아, 자신을 다시 일으켜 세울 기회를 갖는 이야기, 다시 말해 지금의 자신을 어떻게 만들어 왔는

이토록 끌리는 영화

지를 되돌아보게 만드는 이야기이다.

라디오는 사람들이 살아가는 인생의 풋풋한 내음을 한껏 느끼게 해 주고, 감독은 이와 같은 이야기를 단지 아름답게만 포장하기에는 너무나 사람 사는 구석을 깊숙이 들춰 준다. 주인공 곤의 과거, 재기에 대한 미련, 어깨에 짊어 멘 책임, 그리고 자신을 믿고 응원해 주는 팬들까지 말이다. 그(박중훈 분)에게 놓인 것은, 사람들의 평범한 시선이 아닌 그들 모두의 삶, 그 이상의 무게와 같다.

영화 속에서 곤은 흘러간 세월을 억지스럽게 부여잡고 모든 현실을 외면하고 있는 인물이다. 가수왕으로서 화려했던 지난날을 매일같이 술과 함께 끄집어내며 오랜 매니저인 민수(안성기 분)를 막대하기 바쁘다. 어느 날 곤은 자신이 저지른 폭행 사건으로 유치장 신세를 지고, 매니저 민수는 피해자와 합의하기 위해 동분서주 뛰어다니게 된다. 그러던 중, 곤은 한 방송국 국장을 만나, 그에게서 영월에 있는 방송국 라디오 프로그램 DJ를 잠시 맡아주면 사건을 처리해 주겠다는 제안을 받는다. 결국 곤과 민수 두 사람은 서로 옥신각신 손가락질이 오간 후 합의금을 받기 위한 억지스러운 영월행에 오르게 된다. 곤이 맡게 된 '오후의 희망곡'은 영월 사람들의 진솔한 내음이 풍기는 다양한 사연을 소개하는 프로그램으로, 그는 이를 기반으로 자신이 그동안 붙들고 헤매던 과거에 대한 미련을 현재의 자신에게 되돌리는 기회를 얻는다. 이준익 감독은 평소 이야기를 이끌어 갈 주인공과 조력자를 함께 둬 두 사람 사이의 소통과 해법에 초점을 맞추는 경우가 많았다. 영화 〈왕의 남자〉(2005)에서는 광대 장생(감우성 분)과 공길(이준기 분)이 그랬고, 영화 〈동주〉 (DongJu; The Portrait of A Poet, 2016)의 동주(강하늘 분)와 몽규(박정민 분)가 그랬다. 여기에 〈자산어보〉(The Book of Fish, 2021)의 정약전(설경구 분)과 창대(변요한 분) 또한 스토리 리더로서 사건을 키워 나가거나 또는 이를 응대하는 적극적인 행태의 그것을 대표하는 역할로 보이기도 한다. 이와 같은 방식은 관객이 이야기를 읽어내는 데 있어, 그 관점을 주인공에게만 기대지 않고 더욱 객관적이고 대칭적인 시각을 가질 수 있도록 만든다. 불균형적이고 제법 주관적인 시선을 가진 이야기에 비해, 한층 재미나고 자연스러운 형식의 객관성을 끄집어 내기 쉽다고 할 수 있겠다. 이준익 감독은 이처럼 연출해 온 여러 작품을 보았을 때에 관객이 빠져들기 쉬운 역할에 대한 감정 공유를 매끄럽게 만드는 연출을 즐기는 듯하다.

영화 〈라디오 스타〉는 지금에 와서 보면 너무나 뻔하고 익숙한 이야기 틀을 가졌기에 쉽게 공감대를 얻기 어려운 측면도 있다. 그럼에도 일단 영상에서 배우들의 연기를 접하게 되면 그 속에서 강한 동질감과 더불어, 관객의 입장에서 제법 눈에 익은 다양한 색깔을 만나게 되는 경험을 하게 된다. 왕년의 스타였던 곤의 현재와 과거는 그와 대비되는 아픔과 슬픔을 겪는 매니저 민수와 대비되는 색을 드러내어, 이를 바라보는 관객에게 여러 공감대를 한자리에 마주치게 만드는 색다른 기운을 끌어내기도 한다. 관객은 그들의 과거와 현재를 비교하기도 하고, 곤과 민수의 역할과 현재를 낮은 시선으로 응시하는 기회를 얻게 된다. 이로써 관객 스스로 자신의 과거와

이토록 끌리는 영화

현재를 자연스레 떠올리게 만들어, 영화의 부분 부분이 그들의 꽉 막힌 삶의 현실을 계속해서 건드리고 있다고 볼 수 있다. 강원도 영월은 많은 이들이 자주 찾는 유명 관광지와는 거리가 멀다. 시끌벅적한 사람들의 일상과는 다소 거리가 있는 지역이라는 점에서, 곤 스스로의 현재 상황과 겹치는 지점을 상당 부분 드러내고 있다.

영화는 곤과 민수 사이의 소통을 이끌면서도, 두 사람 사이에 형성되는 감정의 공유, 또는 감정의 이동을 절대 놓치지 않는다. 더 돈독해지고 더 가까워지는 단순한 개념을 넘어, 싸우고 소리치고 사과하고 화해하는 그런 진득한 감정을 기반으로, 둘은 서로를 필요로 하게 되고 서로에게 진정한 스타로 인정받게 된다. 결국 영화는 두 인물의 배치와 상호작용으로, 과거와 현재 그리고 앞으로의 시간을 원하는 방향으로 이끌고, 이로써 관객과 교감한다고 볼 수 있다. 단순히 한물간 스타의 과거와 현재를 대비해 관객의 동정 어린 시선을 끌어내는 게 아니라, 과거에서 현재로 이어지는 그 쌓여감의 무게를 표현하고 싶었던 것이었다. 감독은 두 사람의 관계를 부각하고 삶의 주목을 이끄는 힘을 이야기하고 싶어 했다. 관객은 화면에서 소통에 집중하고 서로를 위한 역할을 인정하면서 '나'라는 사람의 존재 가치를 찾는 시간을 보게 된다. 영화 〈라디오 스타〉는 이렇듯 어떤 이든지 영화를 접한 이에게 그 흔적을 진하게 남기는, 그리고 사람 냄새를 물씬 풍기는 그런 작품이 아닐까.

그렇게 캘리포니아를 꿈꾼다

중경삼림
(Chungking Express, 1994)

우리는 언제나 누군가의 하루를 스쳐 지나가고, 그렇게 인연을 만들고 삶의 한편을 채워 간다. 그 속에서 익숙함과 새로움의 경계를 나누는 것은 결코 쉬운 일이 아니다. 편의점 점원이 무심한 듯 확인하며 폐기하는 유통기한이 지난 상품처럼, 우리는 모든 게 유통기한이 있음을 잘 알지만, 차라리 처음부터 유통기한이 적혀 있지 않았더라면 아마 신경 쓸 것도 없었을 것이다. 이처럼 많은 이들이 유통기한을 찾아 더듬고 헤매는데, 그 유통기한이 없기를 바란다는 것은 어쩌면 어불성설이다. 사실 이의 의미를 곰곰이 생각해 보면, 그 속에 담긴 메시지를 다시금 새롭게 새겨 보게 될 것 같다. 노랑머리(임청하 분)는 매일 내일이 없을 것만 같은, 하루를 힘겹게 살아가는 인물이다. 그녀에게 점원이 건넨 유통기한 지난 날짜를 본다는 것은, 자신의 삶과 직결된다. 신선한 음식이 담긴 활기찬 하루가 아니라 억지로 버텨내고 있는 삶처럼. 경찰223(금성무 분)이 바라는 하루는 조금 다르다. 실연을 당한 그가 통조림을 통해 바라보는 유통기한은, 떠나간 애인이 다시 돌아와 주기를 애타게 갈망하는 과거를 향한 후회와 아쉬움이다. 그렇게 화면을 채운 두 사

이토록 끌리는 영화

람의 행적은 서로가 바라보는 유통기한에 대한 해석을 제각기 다른 시각으로 화면에 펼쳐낸다. 삶과 사랑을 사이에 두고 이의 마지막을 의미하는 종착역이 아니라, 그 끝을 이어가고자 하는 절망 앞에서 절규하는 손길이라 하겠다. 노랑머리는 경찰223의 적극적인 대시에 쉽사리 손을 붙잡지 못한다. 그녀가 살아가는 하루의 무게를 과감하게 내려놓기 전까지는 말이다. 그녀는 그렇게 내레이션으로 자신의 속마음을 내보인다. 사람을 좋아하는 것은 어렵지 않다. 문제는 사람은 쉽게 변한다는 사실이다. 그래서 말을 번복해야 할 것같다. 알고 보면, 사람을 좋아하는 것은 참 어렵다.

애인이 가게에 남기고 간 편지를 읽지도 가져가지도 않는 경찰663(양조위 분). 덕분에 이 편지는 주인에게 닿기도 전에 이미 많은 이들의 손을 거친다. 그는 애인의 메시지를 무심하게 대하지만, 편지를 꽂아둔 압정에 손가락이 찔려 하루를 쉬어가는 그의 핑계를 생각하면 꼭 그렇지도 않은 듯하다. 결국 그 편지는 혹시나 하는 그의 속내를 철저하게 외면하고 있다는 사실을 증명한다. 경찰223과 경찰663이 제각기 여자를 대하는 마음을 한곳에 두고 이야기한다면, 두 사람은 공통으로 새로운 만남을 가질 공간을 미처 비워 두지 못하고 있는 모습이다. 영화 속 그들은 차례차례 만남과 소통을 해가며, 그 접점으로써 조금씩 그리고 서서히 그 공간을 만드는 모습을 비춘다. 이러한 부분은 남자들의 시선에서 특히 강조된다. 굳이 두 사람의 차이점을 찾자면 경찰223이 보여준 적극성은 경찰663의 그것과는 조금 차이를 보이지만 말이다. 노랑머리가 쫓긴다는 사실보다 중요하게 바라봐야 할 것은, 두 사람이 술에 취해 모텔에서 하룻밤을 보냈을 때 둘의 서로에 대한 행동과 태도가 아닐까 싶다. 경찰223은 그녀가 잠에서 깨어날 때까지 샐러드를 무한 섭취하며 기다리는데, 옛 애인의 공간을 비우며 파인애플 통조림을 무한정 섭취했던 과거와 비슷하다는 점에서 말이다. 여기에 다음 날 아침, 그녀의 구두를 벗겨 주고 손수 발을 닦아 주면서 애써 그녀의 공간을 파고들려 하지 않는 모습에서도 이는 마찬가지이다. 반면 경찰663의 경우는 조금은 다르다. 오히려 페이(왕페이 분)가 경찰663의 공간을 조심스럽게 공략하면서도 그 방식이 과감하고 묵직하다. 힘들어하는 그의 마음에 그녀는 공간 만들기를 서두르며 스스로 우렁각시를 자처하는데, 이는 경찰223의 방식과는 확실히 구분되는 표현 방식이라고 할 수 있겠다.

두 커플 모두 청춘의 한 자락을 지나며 만남과 이별에 강하게 흔들리는 모습이지만, 그런 그들을 카메라는 단지 열정과 아픔의 단어로만 묘사하거나 꾸미지는 않는다. 오히려 상대를 대하는 각자의 시각과 태도로, 그들의 방식을 부드럽게 터치하려는 듯 보인다. 왕가위 감독이 말하는 청춘과 사랑은 이처럼 남녀가 서로에게 접근하고 서로를 대하는 정해진 답과 명확한 태도보다는 두 사람이 서로 겪고 이해하며 받아들이는 마음이 중요하다는 것을 강조하는 모습이다. 여기서 눈에 보이는 행동보다 상대를 이해한 후에 대하는 시선과 자세에 좀 더 집중하려는 것은, 경찰223이 지나간 애인을 정리하고 다시 가게로 돌아와 또 다른 여성인 종업원 메이에게 데이

이토록 끌리는 영화

트 신청을 하려는 장면에서 살펴볼 수 있다. 리처드가 그녀를 데리고 나갔다는 이야기에 자신의 사랑 방식의 변화를 뒤늦게 아쉬워하는 것처럼 말이다. 화면은 여러 차례 이러한 메시지를 건네는데, 경찰663이 애인의 편지를 페이에게 맡기고 나갔지만 페이의 또 다른 모습에 자신의 마음을 열게 되는 장면도 이와 비슷하다. 이처럼 영화는 두 개의 이야기를 하나의 시선으로 풀어가는 독특한 플롯을 선보인다. 당연히 두 남녀의 이야기가 자연스레 비교될 수밖에 없는데, 왕가위 감독은 오히려 직접적인 비교로써 상반된 사랑 방식과 옳고 그름을 구분하는 것을 경계한다. 그가 이야기를 풀어내는 각각의 장면들은, 속도를 빠르게 당기다가 천천히 미루는 조율을 선보이기도 하고, 이를 구성하는 숏은 정말 다양한 각도와 시선으로 인물의 감정을 읽어내고자 노력해, 두 이야기가 자연스럽게 겹치면서도 다르게 보이는 연출을 드러내기도 한다.

영화를 다시 되감으면 정말 놀라울 정도로 프레임을 대하는 각각의 시선이 위와 아래, 왼쪽과 오른쪽으로 번갈아 움직이는 마술을 경험하게 된다. 또한 귓가를 때리는 음악도 강약이 깔끔하게 구분되어 인물의 감정을 읽어내기 쉽게 만든다. 화면 속 표정이 그 속내를 감추고 있더라도 사운드로 그 감정을 세밀하게 읽어낼 수 있다는 이야기이다. 심지어 빗소리 하나, 시장 골목을 메우는 사람들의 웅성대는 소리에서도 이를 이해하게 되는데, 여기에 노랑머리가 입고 있는 코트와 선글라스, 페이가 입고 있는 다양한 원색의 옷들의 대조와 경찰223과 경찰663의 의상 등도 눈에 띄는 대목이다. 이런 강조점은 두 커플의 이야기가 단순한 사랑 이야기가 아니라 감정을 채워 가는 청춘의 내음을 짙게 맡을 수 있도록 하는 묘한 기운을 형성하는 부분이다. 크게 펼쳐지는 내러티브의 모양새 없이 각각의 남녀가 서로의 인연을 이어가는 부분, 그리고 서로를 바라보고 대하는 시선과 외면의 감정 흐름을 제대로 이해할 수 있다면, 의외로 장면마다 그들이 표현하는 강조점을 엿볼 수 있다. 그게 감독이 의도한 영화의 주제를 담아내는 지점이라는 데 아마도 이견이 없을 것 같고 말이다. 페이는 "왜 일을 하고 있느냐?"라는 경찰663의 질문에 "캘리포니아 여행이 목적"이라고 답한다. "왜 굳이 캘리포니아를 선택했냐?"라는 연이은 질문에 그녀는 아무렇지 않게 "모른다"라고 답하고, "가 보고 아니면 딴 데로 가면 된다."라는 모호한 대답을 남긴다. 청춘이 느끼는 사랑의 깊이는 그렇게 그 색을 진하게 남겨 가지만, 삶의 영역을 넓히는 순간 그 아픔은 아무것도 아닐 것이다. 그녀의 뒤로 그렇게 마마스앤파파스(Mamas&Papas)의 '캘리포니아 드림'(California Dreamin')이 흐른다.

이토록 끌리는 영화

역할의 경계를 이끌다

조이
(Joy, 2015)

영화 〈조이〉(2015)를 이야기하면 흔히 남성과 여성의 시선으로 나누는 해석을 보고는 한다. 그러니까 우리 사회에서 여성의 사회적 진출이 이토록 어렵고, 이를 대하는 사회적 시선도 여전히 과거에 얽매여 있다는 주장이다. 물론, 틀린 말은 아니지만, 개인적으로 이 영화 속에서 읽어낸 시각은 성(性)의 단순한 구분보다 역할의 경계를 무너뜨리는 무게에 좀 더 밑줄을 긋지 않았나 싶다. 주인공 조이(제니퍼 로렌스 분)는 어차피 남성과 여성을 구분 짓는 역할 외에도 집안을 이끄는 가장으로서의 무게를 스스럼없이 받아들이고 있으니 말이다. 그녀는 그 속에서 번뜩이는 아이디어로 새로운 세상을 열어젖혔고, 이는 그녀의 꽉 막힌 삶을 시원하게 해소하는 돌파구를 마련해 주었다. 영화가 보여준 그녀의 창작 스토리는 사실 우연에 의한 찰나의 순간에 지나지 않지만, 그녀는 이미 어릴 적부터 할머니에게 자신의 능력에 대한 믿음을 강조받고 있었다. 화면이 이를 제대로 담아내지 못한 것은 개인적으로 아쉽게 느껴진다. 그녀는 부모뿐만 아니라 남편마저도 제 역할을 해내지 못하며, 본의 아니게 일찍 가장이란 무게를 떠맡고 만다. 영화의 초반은 그녀의 능력보다도 그녀의 처지, 혹은 역할에 대한 부담을 확연하게 훑는 데, 아마도 그녀의 어깨에 놓인 무게를 간접적으로 드러내고 싶었거나 혹은 답답하게 꼬여 버린 그녀의 속내를 어렵사리 말하고 싶어서였던 것 같다.

그런데도 사실 불투명한 요소로 끈질기게 붙어 있던 그녀의 가족들은 조이를 여러 부분에서 응원하고 나선다. 성질 사납던 아버지가 새 여자 친구를 만나 조이에게 그녀를 소개하고 금전적 후원을 지원하는가 하면, 전 남편도 자신의 지인을 동원해 그녀의 발명품을 TV홈쇼핑에 소개하도록 그녀를 돕고 나선다. 첫 방송이 실패로 끝나고 두 번째 방송에 그녀가 직접 모습을 드러내는 데에서도, 그녀는 가족들의 응원을 등에 지고 있었다. 이게 실제 사례와 현실과 가상의 구분을 나누는 모습일지라도, 결국 영화의 모든 면면을 따뜻한 가족 영화로 이끄는 데 결정적인 역할을 한다. 그녀는 처음부터 어떤 일이든 잘 해낸다는 느낌보다, 모든 일에 적극적이고 당당하게 나서는 모습을 비췄다. 엄마 방의 바닥 수도관이 깨져 누수가 발생할 때도 직접 공구를 들고 수리하는 데 거침없는 모습이다. 심지어 출근길, 아버지의 소란에도 불구하고 그녀는 절대 당황하는 일 없이 모든 일을 침착하게 정리할 줄 안다. 그녀가 아주 프로페셔널하지는 못해도, 여성 가장, 그리고 싱글 맘으로서 애환을 자신의 역할로 떠맡고 있음을 영화가 강조하고 있는 것 같다. 영화의 전반부가 이처럼 그녀의 처지와 위치를 조명한다면, 후반부는 상대적으로 사회 속에서 쉽게 드러나는 그녀 자신의 위치를 바라보는 모습

이토록 끌리는 영화

이다. 다만 여기서는 그 과정이 너무 많이 생략되고 결과만을 건드리고 있다는 점이 다소 아쉽다.

조이는 한 가지 발명을 시작으로 이를 어떻게 하면 성공시킬 수 있을지에 주력한다. 달리 말해 영화 속에서 그녀의 노력은 지극히 서사적으로 표현된다. 그녀가 느끼고 겪는 고통과 좌절을 사회의 시선에서 바라보고 분석하고자 했다기보다, 그저 지금까지 그래왔듯 한 개인의 도전과 노력의 과정, 결과로 표현하고자 했다는 이야기이다. 그러니 화면 한 컷 한 컷마다 영화는 다소 건조한 느낌을 선사한다. 그저 도전하고 실패하고 또 도전하고 실패하는 과정만을 반복해 러닝 타임을 채운다는 점이 그렇다. 가장 눈에 띄는 부분은 역시 텍사스를 방문해 전세를 뒤집기 위해 모험을 거는 그녀의 모습이다. 장난감 가게 앞에서 인공 눈을 맞는 그녀를 조명하는 장면은 쉽게 발생하지 않는 노력의 결과로, 여기서는 사회가 여성을 바라보고 대하는 차가운 시선의 반전을 보여주고 있는 것과도 같다. 텍사스는 온난한 기후로 쉽게 눈을 만나기 힘든 지역이다. 결국 쉽지 않은 결과를 얻어냈다는 성취와 함께, 지금까지 말한 사회의 냉정한 시선을 노력으로 뒤집어냈다는 이야기를 영화가 강조하고 싶었던 것이다. 물론, 이는 지금껏 이야기해 온 것들에 대한 결과론적인 부분에 지나지 않겠지만. 다시 말하지만, 영화가 서사에만 너무 치중하다 보면 그 구조가 단순해질 수밖에 없음은 당연하다.

영화 〈조이〉는 실존 인물의 성공기를 다룬 실화로 당시에 쉽게 얻어내기 어려운 후일담을 강조하고자 그 속에 많은 서사를 집어넣었다. 전반부를 가득 채운 여성 가장으로서 어깨 위에 놓인 무게, 그로 인해 형성된 캐릭터는 절대 가볍지만은 않다는 것. 우연한 기회에 만들게 된 대걸레 발명품. 이를 상품화하기까지 노력하고 실패하고, 홈쇼핑에 도전하고 실패하며, 더불어 이복자매와 겪는 갈등으로 인한 또 다른 실패와 특허로 인한 패배에 이어 그 뒤로 이어지는 한판 뒤집기에 이르기까지. 이러한 것들이 연속해서 이어지는 측면에서는 더욱 그렇다. 이 긴 여정에서 그녀가 느끼는 감정과 노력의 디테일한 과정, 실패로 이어지는 여러 연출선이 더욱 드라마틱하게 갖춰질 수 있었다면, 작품 자체가 훨씬 돋보이지 않았을까. 물론 평범한 가장으로서의 엄마, 아내 그리고 딸과 손녀의 역할을 넘어서는 것으로서 그러하겠지만 말이다. 어쩌면 이는 평범함과 특별함의 경계를 구분하는 행위와도 같다. 그녀는 눈앞에 닥친 하나를 처리하는 것에 급급하다가도 어느 순간 자신이 특별한 한 인간으로서 인정받을 수 있음을 깨닫게 되니까 말이다. 그러니까, 그녀의 관점에서 자신의 이야기는 서사의 과정보다, 그 결과가 더 중요할 수 있다고 주장하는 게 좀 더 타당할지도 모르겠다.

이 영화를 역할의 측면에서 살펴보면, 눈에 보이는 게 아닌 그 이상의 것을 얻어낼 수도 있다. 영화 〈조이〉는 실존 인물인 조이 망가노의 현실을 표현하고 그녀의 성공을 조명하고자 애썼지만, 사실 그녀가 얻어낸 삶의 전환점을 하나의 드라마틱한 기제로 드러내기 위해 노력한 작품이기도 하다. 달리 말하자면, 그녀의 역할

이토록 끌리는 영화

이 피동적인 가장에서 능동적인 사업가로 바뀌는 하나의 중요한 시점을 강하게 주장하고 있다는 이야기이다. 그게 앞에서 말한 텍사스에 내린 눈처럼 결론만을 우선 배치한 게 되고, 이는 그녀의 삶을 넓고 깊숙이 훑어내기보다 그녀의 성공에만 조명을 취하는 뉘앙스로 드러났다고 해석한 것이다. 마치 영화 〈파운더〉(The Founder, 2016)에서 그랬던 것처럼, 주인공의 전반적인 삶과 인생을 훑어내는 게 아닌, 말하고자 하는 바를 집요하게 콕 집어내는 그런 트렌디한 연출법이 적절한 결과물을 만들어 낸 게 아닌가 싶다. 거시적으로 이야기하자면, 이러한 점이 오히려 대중적인 시선의 변화를 이끌었다고 말할 수도 있고 말이다. 현실에서도 그리고 영화 속에서도 그녀는 혼자가 아니었지만 마치 계속해서 혼자임을 강조하고 있던 것처럼, 화면은 그 무게를 드러내는 데 거침이 없다. 그 무게가 알고 보면 자신을 지탱하는 힘이 됐기에, 영화 속 그녀에게 주어진 역할은 또 다른 측면에서 여러 시선에서의 리더를 자처하고 있는지도 모른다. 어쩌면 실제 그녀의 삶 속에서도 혹은 영화 속 가상의 공간에서도 이는 새로운 틀을 만들고 제시하고 있는 것일 수도 있으니 말이다.

거북이가 건넨 딸기우유 한 모금

이상한 나라의 수학자
(In Our Prime, 2022)

살다 보면, 쉽게 풀리거나 해결되지 않는 난제를 마주할 때가 있다. '닭이 먼저냐 달걀이 먼저냐.'와 같이 난처한 상황을 접하는 것은 흔하다. 때론 '외계인은 과연 존재할까.'처럼 거대한 인류 존재론적 문제에 대한 제기도 있을 수 있다. 여기에 남성과 여성의 신비로운 차이, 혹은 한참 유행 중인 MBTI 성격 분류에 이르기까지. 세상은 온통 확실히 정의하지 못하고, 우리가 모르는 것 투성이다. 그러니 의외로 세상은 외면받고 살아가는, 가려진 부분이 필연적으로 존재한다는 이야기다. 다시 말해, 물질과 사상 측면에서 자유롭게 이동하는 지극히 자연스러운 부분과는 달리, 그 자유에 얽매어 지나치게 무엇인가에 사로잡힌 것들이 상당수 있다는 말이기도 하다. 이는 사상이 될 수도 있고, 사랑으로 표현될 수도 있으며, 혹은 도전과 용기로 나타나는 성공과 실패의 구분을 결정짓는 부분이 될 수도 있다. 어쨌든, 이 모든 것을 아우르고 살아가기에는 개개인의 삶이 참 고달프다. 아마도 이를 영상에 다 담으려면 두 시간의 러닝 타임은 고사하고 몇 날 며칠을 넘겨도 쉽게 표현하거나 또 이해하기 어렵지 않을까. 영화 〈이상한 나라의 수학자〉(2022)를 마주할 때, 제목이 가리키는 '이상한 나라'에 대한 정의를 최우선으로 챙겨야 하는 이유다.

영화의 제목과 포스터의 중요성을 항상 강조해 온 입장에서는, 이 '이상한 나라'가 가진 의미를 제대로 해석하는 것은, 큰 숙제가 아닐 수 없다. 사실 이조차 정확하게 그 속내를 꿰뚫을 수는 없지만, 아마도 박동훈 감독은 표면적으로는 사회의 부조리와 여기에 휩쓸리는 세태에 대한 풍자를, 그리고 내면적으로는 주인공 리학성 (최민식 분)이 가진, 외면받고 있는 공간과 영역에 대한 고민을 함께 언급하고 싶어 했던 것으로 보인다. 이는 답을 찾기보다 제대로 된 풀이 과정을 찾아가는 게 중요한 '수학자'로서의 삶을 외면하고 있는 또 다른 '이상한 나라'에 대한 반어적인 표현이 될 것 같기도 하다. 누구나 쉽게 알아볼 수 있듯 이 영화는 흡사 〈뷰티풀 마인드〉(A Beautiful Mind, 2001)의 구성을 닮았고 그와 같은 분위기를 깊이 있게 쏟아낸다. 하지만 존 내쉬(러셀 크로우 분)가 겪는 내면적 심연까지 기웃거리는 데에는 아무래도 한계를 드러낸다. 한국식 정서의 풀이 때문일 수도 있지만, 그럼에도 사소한 하나마저도 숫자를 이용해 복잡하게 얽힌 서사 관계를 좀 더 쉽게 드러낼 수 있었다면 하는 아쉬움이 남는 것은 사실이다. 물론 이는 어쩔 수 없는 부분이 아닐 수 없다. 개인적인 측면의 서사를 거시적인 영역으로 확장하기 위해 불가피하게 취해야 할 구성과 역할이지 않았나 하는 생각이다.

다른 시선에서는 가르침과 배움이 오가는 그들 사이의 관계를 놓고, 영화 〈굿 윌 헌팅〉(Good Will Hunting, 1997)의 그것을 찾게 되기도 한다. 이 또한 서사의 주가 되는 영역을 더욱 눈여겨보기를 원하는 점에서, 여전히 앞의 〈뷰티풀 마인드〉와 결을 같이 하는 듯하다. 어쨌든 이러한 시선은 어떤 부분에서는 계속해서 따라다니는 꼬리표가 될 수도 있다. 탈북 수학자 리학성의 내면은 아들을 잃은 슬픔으로 인해 학문적 거리를 자초하고 있었고, 이는 분명 방황에 가깝지만, 화면 속에서 그 깊이까지 세심하게 다루지는 못해서다. 여기서 한지우(김동휘 분)와 그의 관계를 재해석하게 만드는데, 전반적으로 〈굿 윌 헌팅〉에서의 '윌 헌팅'과 '숀 맥과이어' 사이에 오가는 세심한 감정선까지 이 영화에서 읽어내기에는 다소 아쉽다고 할 수 있다. 감정 변화가 치밀하게 이어지지 못하고 표현력도 폭발력도 여전히 동요가 일지 않기 때문이라고 해 두자. 이를 고려하면, 영화 〈이상한 나라의 수학자〉는 이들 모두의 겉면을 조금씩 훑어가며 주제를 소극적으로 다루는 데 치우치고 있다고 봐도 좋다. 하지만 적어도 한 가지 부분만큼은 이야기의 재미를 더하는 요소가 눈에 띄는 듯한데, 그게 바로 영화의 도입부에서 보여준 수학적 공간의 악보 장면이다.

마치 영화 〈말할 수 없는 비밀〉(Secret, 2007)에서 찾을 수 있는 구성과 연출이 이 영화에서 쉽게 눈에 띈다. 수학 공식을 파고들며 빠른 속도로 주인공의 시선을 좇는 첫 장면이 바로 〈말할 수 없는 비밀〉에서의 피아노 대결과 흡사 닮은 인상을 심어 주기 때문이다. 카메라 시선의 속도와 방향이 그들 대결의 클라이맥스에서 보여준

이토록 끌리는 영화

건반 장면을 재구성하고 있는 듯하다. 여기에 감정이 오가는 움직임과 선율을 있는 그대로 표출하고, 촬영 기법 측면에서는 그 몰입도가 절대 모자라지 않아 재미가 더해진다. 이러한 성격이 비단 이 장면뿐이었을까. '수학' 그 자체가 리학성과 한지우, 두 인물 사이에 교감을 생성하는 목적과 수단으로 작용한다면, 영화 〈말할 수 없는 비밀〉에서도 '음악'이 이를 표현하고 담아내는 그것이 된다. 그러니까 굳이 말하자면, 〈이상한 나라의 수학자〉는 수학 그 자체를 들여다보는 게 아니라, 그것을 구성하고 풀이하는 공식, 그 공식이 우리에게 던지는 의미를 강조하고 있다고 할 수 있다. 〈말할 수 없는 비밀〉이 음악이 가진 선율에 샹룬(주걸륜 분)과 샤오위(계륜미 분), 두 인물의 감정을 넣어 이를 풀어내는 공식을 담아내고 있는 것처럼 말이다.

영화 속에서 리학성은 "증명되지 않은 건 믿지 않는다."라며 "그게 바로 수학자"라고 말한다. 수학자에 대한 정의로, 사람들은 살아가는 공식을 받아들이고 삶에 주어진 문제를 이해하고 풀어간다고 말하는 듯하다. 영화에서는 '이상한 나라'를 사람들이 거리를 두고 쳐다보지 않는 곳, 어둡고 외로운 것을 견뎌야 하는 곳으로 묘사하며, '수학'이 전하는 희망의 해답과 이를 연결한다. 자주 등장하는 '리만 가설' 또한 여러 영화 속에서는 난제 해결 과정을 통해 인물이 가진 상처를 조명하기도 하지만, 여기서는 풀어야 할 난제가 있다는 사실 그 자체에 초점을 맞추는 모습이다. 아무도 쳐다보지 않는 외로운 길을 왜 가야만 하는지에 대한 해답을 주는 것처럼 말이다. 왜 하필 '거북이'를 기르고, 왜 하필 '딸기우유'라는 소재를 선택했을까? 거북이는 진득하니 한 방향으로 나아갈 줄 알고, 딸기는 열매를 맺기 위해 많은 관심과 손길, 즉 도전과 실패를 반복해야만 결실을 본다. 어쩌면 우리도 어제의 실패를 두려워하지 않고, 다시 딸기우유 한 모금을 마실 용기를 이제 가져봐야 하지 않을까.

과연 누군가의 이야기를 잘 듣고 있는가?

저스티스 오브 버니 킹
(The Justice Of Bunny King, 2021)

영화를 보며 칼럼을 쓰는 도중에 가슴 한구석이 찌릿해지는 그 순간, 그때 받은 질문이 있다. "영화를 보는 것만큼, 글을 쓰는 것만큼, 과연 누군가의 이야기를 잘 듣고 있는가?" 그 순간, 자신 있게 힘주어 "그렇다."라고 이야기할 수 있었다면, 자아를 존중하거나 혹은 자신감, 자존감이 강한 것이겠지만, 결론부터 말하자면 사실 그러하지 못했다. 전문 상담사가 누군가의 이야기를 경청할 때, 단순히 그 말을 듣는 것과 그 감정 혹은 고통을 이해하는 것은 전혀 다른 문제다. 의사가 환자의 이야기를 듣는 것 또한 환자의 고통까지 직접 경험하는 것은 아닐 테니 말이다. 누군가의 이야기를 잘 듣는다는 것은 이야기를 전하는 것 이상으로 그 사람의 마음을 공유하고 있는가에 관한 내용과 같다. 여기서 '누군가의 이야기를 잘 듣는 게 왜 그렇게 중요한 것인가.'라는 질문이 따를 수 있을 텐데, 사실 자신이 놓인 상황이 아닌 다른 상황의 누군가에게 관심을 기울이려면 그 이야기부터 우선 제대로 들어야 한다는 이유 때문이다. 그만큼 사회적 문제를 해결하고자 진정한 소통을 하려면 우리 자신이 놓인 상황을 깊이 있게 들여다보는 것에서 시작해야 할 것만 같다.

꼴등의 세계도 나름의 순서와 등수가 있고 질서가 존재한다. 많은 이들이 '1등만 기억하는 더러운 세상'이라며 우스갯소리를 말하지만, 사실 누구에게나 자신이 속한 그룹을 인정받고 싶은 마음은 당연할 터다. 그러니 우리가 남들과 소통하고 사회적 관계를 지속하기 위해서는 우리와 다른, 혹은 내가 놓여 있는 것일지도 모르는 이 상황을 이해하는 것에서 선행해야 한다. 이러한 주장은 알고 보면 지극히 '상식'에 기반하는데, 그런데도 참으로 아쉽게도 이 '상식'이라는 게 잘 통하지 않는 경우를 자주 접하게 된다. 우리가 이해하는 이 '상식'이 깨지면 판단이 흐트러지기 마련이다. 수많은 주장과 이에 대한 논의가 연속적으로 생산되고 있음에도, 그들이 서민들의 삶을 부르짖는 동안에 도대체 바뀐 것은 무엇이었을까. 그래서 미국의 소설가 커트 보니것은 그의 작품 〈나라 없는 사람〉에서 시간이 지나고 보니 "대체 뭐가 좋은 소식이었고, 뭐가 나쁜 소식이었냐."라고 물어보고 있었던 것이다. 이 중의적 의미가 담아내는 것은, 질문 그 자체가 아닌 우리 사회를 뒤덮고 있는 총체적인 사회적 현상이라고 생각된다.

포 넌 블론즈(4 Non Blondes)의 〈What's Up〉 선율이 귓가를 아주 강하게 때린다. 그리고 그 가녀린 음색의 목소리를 도로의 구석구석에 마구 높여댄다. 이 세계는 가진 자의 시선과 입장만으로 가득 채워져 있다는 것을. 그래서 아침 일찍 일어나 밖으로 나와서는 숨을 크게 들이마시고 외쳐대는 것이다. 왜 세상이 이렇게 흘러가고 있는지를 말이다. 노랫말은 계속해서 기도하고 외쳐댄다. 아마도

이토록 끌리는 영화

바꾸고 싶은 세상이 이 목소리를 들어줄 때까지가 아닐까. 영화의 시작과 마지막을 장식하는 포 넌 블론즈의 〈What's Up〉은 이처럼 주인공 버니(에시 데이비스 분)의 속내를 대변하는 좋은 도구가 된다. 영화 〈저스티스 오브 버니 킹〉(2021)은 사회뿐만 아니라, 우리 사람들의 내면의 밑바닥을 싹싹 훑어내는 영화이다. 풀리지 않는 숙제처럼 사람들의 시선과 편견이 사회를 어떻게 만들고 지탱하는지, 그 지저분하고 쓰레기 같은 내면을 지나치게 읽어내려고 애를 쓴다. 버니가 어울리지 않는 옷으로 갈아입었을 때 자신을 대하는 사람들의 태도가 달라지는 장면에서도, 부동산 중개인이 그녀를 대하는 태도만 봐도, 모든 게 그녀의 겉면만을 훑고서는 눈에 보이는 것과 아닌 것의 차이를 명확하게 주장하고 있지 않은가 말이다.

감독 게이손 타벳은 꽤 익숙하고도 간단명료한 사회적 메시지에 강렬한 인상을 전하고자 주인공 버니를 그 희생양으로 삼았다. 도로 위를 지나가는 자동차의 유리창을 닦고 수고비로 동전을 받아내는 그녀의 모습은 서민들의 자화상이다. 결국 사람들의 그릇된 편견을 깨끗하게 변화시키겠다는 의지이자 감독의 연출 메시지라는 생각이다. 버니는 남편을 살해한 죄로 전과자가 되어, 제대로 된 직장을 구하지 못하고 도로를 전전하며 돈을 버는 인물이다. 그녀가 돈을 버는 이유는 자신의 죄로 인해 위탁 가정에 맡겨진 아들과 딸을 어떻게든 데려오고 싶어서이다. 동생의 집에 홀로 얹혀살던 그녀는, 어느 날 매제가 조카 토냐(토마신 맥켄지 분)를 성추행하는 모습을 훔쳐보게 되고, 이 사실을 동생에게 말했다는 이유로 그

집에서 쫓겨나게 된다. 그녀의 동생 또한 진실을 마주하기 두려운 내면을 갖고 있었던 사실을 그녀에게 들키게 됐던 것이다. 이 사건으로 토냐 역시 집을 나와 이모 버니와 함께 거리에서 방황하게 되고, 그러한 상황에서도 딸과 생일 파티 약속한 것을 지키기 위해, 버니는 최선의 노력을 다한다.

영화는 주인공 버니가 사회의 차가운 시선을 극복하고 긍정적인 결과를 얻게 만드는 권선징악적 결말을 전달하지는 않는다. 오히려 사회의 어두운 단면을 직접적으로 강조해 우리 사회가 말하는 '정의'(justice)가 실체적인 '정의'(destination)를 행하고 있는지를 따끔하게 지적할 줄 안다. 이를 위해 영화는 장면 구성과 요소 배치를 크게 두 가지로 나눈다. 그녀가 처음부터 '정의'(justice)라고 생각했던 사회의 규율을 지키는 장면과 이를 어기는 장면으로 구분되는 것이 바로 그것이다. 그녀는 아이들을 만나기 위해 사회복지사를 찾아가 그들이 말하는 규정을 지키기 위해 노력한다. 서류를 작성하고 시간을 준수하며 그녀에게 주어진 기회를 긍정적으로 받아들이는 것 말이다. 하지만 그들은 온갖 이유를 대며 시간을 재촉하거나 약속한 기회를 제공하지 않으며 그녀의 마지막 기회마저도 뺏으려 한다. 사실 명확히 이야기하자면, 화면은 이 또한 정해진 규정과 틀 사이에서 어쩔 수 없는 상황임을 지적한다. 하지만 이러한 상황에서도 버니와 같은 이들이 규정과 틀의 희생자가 되고 있음을 이해한다면, 관객은 영화가 말하고자 하는 바를 명확하게 받아들일 수 있을 것이다.

이토록 끌리는 영화

화면에서 보는 그녀가 사회적 희생자로서 대변된다면, 그녀의 조카 토냐는 가장 자유롭게 희망을 밝히는 인물이다. 토냐는 의붓아버지에게 성추행을 겪었을 때도 끝까지 입을 다물고 있었다. 하지만 이후 버니와 동행하면서 자신이 나아갈 곳을 제대로 찾은 듯한 모습을 비춘다. 딸의 생일 파티를 위해 어쩔 수 없이 인질극을 벌여야 했던 버니와 달리, 토냐는 사회의 부조리와 직접 마주하는 대치점에서 벗어나, 마지막 장면을 다시 한번 장식하는 포 넌 블론즈의 〈What's Up〉 가사에 가장 이상적으로 부합하는 인물이 되어간다. 즉, 그녀는 사건의 이해관계와 상관없이 일종의 제3자로서 사회의 단면을 가장 잘 지적할 수 있는 인물이라는 이야기이다. 우리가 알고 있는 상식이 깨지는 순간, 판단은 이성을 벗어날 수밖에 없다. 작가 커트 보니것이 말한 '좋은 소식'과 '나쁜 소식'은 이 순간 전혀 구분되지 않는다. 우리에게는 '좋은 소식'과 '나쁜 소식'을 구분할 수 있는, 이를 수식하는 가장 객관적인 정의(destination)와 또 다른 정의(justice)가 필요할 뿐이다. 도대체 무슨 일이 일어나고 있는 것일까?(What's going on?) 우리는 여전히 그 질문에 대한 답을 묻고 구하고 있다.

1.618대 1(사랑을 찾아 나서는 황금비율)의 치열한 조화

리코리쉬 피자(Licorice Pizza, 2021)

사람들은 누구나 젊은 시절에는 사랑을 정의하려고 한다. 사랑이 무엇인지 늘 갈구하고 사랑을 자기 것으로 만들기 위해 노력하는 것 같다. 나조차도 젊은 시절에는 사랑을 정의하는 것을 당연하게 여겼고, 그렇게 청춘을 사랑의 그림자로 덧씌우는 데 주저하지 않았다. 달리 생각하면 사실 어디에서도, 또 누구에게도 그렇게 배운 적은 단 한 번도 없다. 아마도 그것은 나만의 성장법을 갖춰 나가는 과정이었는지도 모른다. 우리는 모두 이렇게 사랑을 만들어가는 성숙의 과정을 거쳐 지금에 이르렀다. 물론 지금 보면 잘 익은 듯 다 자란 모습이지만, 그런데도 여전히 서툴거나 철이 덜 든 모양새다. 한 시대를 대표해 온 여러 세대들은 저마다 각자의 방식으로 그렇게 사랑을 정의하고 나섰다. 시대를 감싸 안은 노래 가사를 살펴보면, 항상 '사랑'이 껌딱지처럼 붙어 다닌다. 지나고 보면, 그게 청춘이고 추억이었기 때문이 아닐까. 폴 토마스 앤더슨 감독의 영화 〈리코리쉬 피자〉(2021) 속 두 남녀도 그랬던 것 같다. 두 사람은 서로에게 호감을 느끼면서도, 십 대와 이십 대라는 나이 차이에서 오는 둘 사이의 거리를 의식한 듯, 서로를 애써 밀어낸다. 당연히 둘은 적절한 거리를 두고 내면에 숨겨 둔 밀고 당기기를 즐기는 모습이다. 그러니까 그들은 자신의 청춘 속에 사랑을 자기식의 방식대로 정의하고 있는 것이다. 십 대의 소년 개리(쿠퍼 호프만 분)는 연기자다. 다양한 형태의 가면을 쓰고 있는 그는 무대 위에서 다채로운 인생을 겪은 만큼, 자신의 삶도 일찍 정의하려고 나선다. 개리에 비해 불안한 이십 대의 청춘을 스쳐 지나가는 알라나(알라나 하임 분)는 아직 자신을 사회 속에 드러내는 데 적응하지 못한다.

어울리지 않을 것만 같은 두 사람의 조합은 꽤 많은 이야기를 만든다. 이는 청춘을 만들어가는 그들 삶에 대한 도전으로 비치기도 하고, 한편으로 이들의 불안한 삶을 보여주는 연속선상에서 받아들여지기도 한다. 사실 두 사람은 아직 아무것도 이루지 못했다. 이 때문에 이들은 관객에게 청춘을 대변하는 삶의 자화상이 필요하다는 사실을 강조한다. '자화상'이란 화가에게 삶의 의미와 가치, 살아온 다양한 굴곡과 역경을 모두 담아내는 단어이기도 하다. 그러니 이제 첫 발걸음을 내딛는 청춘에게 이 단어가 어울리지 않을 수도 있겠다. 하지만 두 사람은 자신에게 알맞은 자화상을 그리고자 열심히 노력할 줄 안다. 굵고 진한 연필을 손에 쥐고, 그렸다가 다시 지우고 또다시 색칠하는 행위의 반복은, 이들의 이야기를 즐기는 관객에게 좋은 동기 부여가 되는 것 같다. 개리는 줄곧 알라나를 가만히 놔두지를 않는데, 자신에게 어울릴 것으로 생각했던 그녀가 항상 자신의 시선 밖으로 뛰쳐나가고 싶어 했기 때문이다. 붙잡고 싶지만, 쉽게 잡히지 않는 그녀의 존재는 개리에게 새로운 가슴앓

이를 안겨 준다. 그야말로 청춘의 한가운데에 놓인 사랑의 아픔을 삶의 깊숙한 한 곳에 깊이 새기고 있다고 할까. 그렇다면 알라나의 시선은 어떨까? 그녀에게 있어 개리는 자신이 그에게 어울리는 사람이 아닌 것을 알면서도 쉽게 놓지 못하는 '계륵'이다. 하지만 망설이는 자신을 부정하는 모습을 발견하는 순간, 그녀는 또 다른 자신의 모습에 괴로워한다. 그게 사랑이고 청춘이라는 사실을 이렇게 이들은 조금씩 그리고 아주 천천히 깨달아 간다. 긴 러닝타임을 채운 두 사람의 밀고 당기기는 마치 서로가 '거울'을 바라보듯 자신을 되돌아보는 계기를 만든다.

개리는 동생에게 평생 함께할 사람을 만났다고 자신 있게 단언할 만큼, 알라나에 대한 확신이 있었다. 하지만 자신에게 제대로 된 시선을 내어주지 않는 알라나를 놓고 그는 계속해서 흔들리고 또 계속해서 알라나를 흔들어 댄다. 이것은 투정을 부리는 게 아닌, 자신을 인정하지 않는 그녀로 인해 자신의 어리고 여린 모습을 바라보게 됐기 때문이다. 하지만 알라나의 입장은 이와 반대다. 그녀는 언제나 커다란 꿈을 갖고 있었다. 그런데도 개리를 처음 만났을 때부터 사진 촬영 보조 역할만을 하는 자신에 대한 부정이 언제나 자신을 옭매고 있음을 인정하고 만다. 그러니 무슨 일이든 자신 있게 도전하고 변화하는 개리를 보며 현실을 부정하는 나약한 자신이 미웠다고 볼 수 있다. 두 사람의 이야기는 단지 청춘의 시기를 거치며 사랑과 성장을 깨닫는 삶의 이정표를 내세우는 영화와는 그 결이 다르다. 그들이 만들고 나누는 여러 사건과 대화는 얼핏 성장 드라

이토록 끌리는 영화

마의 공식을 따르는 듯 보여도, 한편으로 편향적이고 지나치게 겉을 맴도는 기분을 느끼게 한다. 어쩌면 이 영화는 청춘의 사랑과 성장에만 초점을 맞춘 꽤 익숙한 이야기로만 받아들이기에는 아까운 작품이 아닐까. 그것은 영화의 주제를 여러 측면에서 표현할 줄 아는 폴 토마스 앤더슨 감독만이 꺼낼 수 있는 부분이기도 하다. 실제 그가 화면에 녹여 낸 관객과 공유할 수 있는 사랑과 성장에 대한 개인의 추억은 개리와 알라나의 여정을 꾸며 주는 좋은 사례가 된다. 알라나가 배우가 되고자 찾아갔던 한 오디션에서 잭 홀든(숀 펜 분)이 그녀를 '그레이스 켈리'로 수식하며 자신이 과거에 출연한 영화 〈도곡산 다리〉의 추억을 따라가는 게 바로 그것이다.

실제 마크 롭슨 감독의 영화 〈원한의 도곡리 다리〉(The Bridges At Toko-Ri, 1954)의 인상 깊은 장면을 빌린 몇몇 장면, 이를테면 윌리엄 홀든과 그레이스 켈리가 함께 오토바이를 타고 언덕을 질주했던 장면 등을 재현한 것은, 감독이 애써 남긴 관객을 위한 배려다. 많은 부분은 아니어도, 감독과 관객이 옛 추억을 나누는 하나의 매개체로서 말이다. 이 부분은 주인공인 개리와 알라나를 비롯해 영화 〈리코리쉬 피자〉 속 여러 인물과 사건이 관객의 추억과 직접적으로 연결되어, 현실 속 실제를 담아낼 수 있도록 하는 자양분이 됐다. 영화가 추구하는 것은 단지, 서사 하나에 집착하는 게 아니라 그때 우리가 느낀 그 기분, 그 사소한 지나침마저도 우리를 성장하게 만들어 주었다는 메시지에 있다고 볼 수 있다. 여기에 두 사람이 제대로 된 스토리 리더를 자처하고 있는 것은 당연할 것 같다. 개리는 겉보기에 또래 친구들보다 빨리 성장한 모습이다. 그는 일찍 사회에 진출해 자신의 성장을 스스로 도모한 인물이다. 그 모습이 어느 순간 자신의 정체성을 고민하게 만든다. 반대로 알라나는 불안한 이십 대의 청춘을 걷고 있다. 이십 대 청춘들이 성장하는 모습에 비해 자신의 방향을 채 잡지 못하고 방황하는 모습이다. 이와 같은 두 사람이 서로를 마주하는 것은, 마치 '거울'을 바라보고 있는 것과도 같다. 원래 거울은 자기 본연의 모습을 비춰 주는 도구이지만, 여기서는 두 사람의 역할이 이를 대신한다. 개리는 겉으로 어리지만 내면은 성장한 측면에서, 알라나는 겉은 성장했지만 내면은 덜 성숙한 측면에서 두 사람은 마치 서로를 마주하듯 닮았다. 그래서 서로를 위한 역할과 목적은 흡사 그들 청춘이 정착해야 할 제자리를 보여주고 있다고 해도 과언이 아니다. 이러한 과정으로 개리는 일찍 성장한 자아에 비해 커다란 정신적 방황을 겪고 있고, 알라나는 개리로 인해 현실적 방황에서 벗어나려 애쓰고 있다는 이야기이다.

청춘의 소용돌이에 세차게 흔들리는 두 사람은 마치 자석처럼 상반된 이미지에 이끌려 서로를 필요로 하고, 둘이 함께할 때 자신에게 맞는 삶의 방향을 찾게 된다. 폴 토마스 앤더슨 감독은 이를 남녀로 대변해 '사랑'이라는 조건의 대명사로 묘사하지만, 실상 이는 표면적인 이해에 지나지 않는다. 그의 메시지는 오히려 영화의 후반부에 다다르며 더욱 또렷해지고 분명해진다. 바로 경계에 놓인 청춘들의 삶이야말로 더욱 굵고 진한 삶의 흔적을 남길 수 있다는 사실 말이다. 흔들리지 않는 흔적은 얕고 좁지만, 한 번이라도 강하게 흔들린 흔적의 그림자는 무엇보다 넓고 진하다. 우리의 청춘도 분명 그러할 것이다. 누구보다 진하게 사랑하고 누구보다 강렬하게 도전하며 누구보다 열심히 하루를 새기는 또렷한 하루의 흔적. 이쯤 되면, 영화의 제목인 '리코리쉬 피자'가 무엇을 의미하는지 궁금해진다. 미국의 캘리포니아에 있던 레코드 가게로 잘 알려진 이 이름은 폴 토마스 앤더슨 감독에게는 하나의 향수 그 자체였다고 한다. LP판을 뜻하는 이 말의 의미는 감독에게 다양한 선율의 조화로 아름다운 음악이 완성되고, 다양한 재료로 피자의 완성도가 높아지는 것처럼, 자신의 삶이 조화를 이루어가는 하나의 과정을 거치고 있음을 전한다. 누구에게나 삶은 그렇다. 누구보다 뜨겁게 달궈지고 무엇보다 차갑게 식어가는 것. 그 경계의 조화가 비로소 진정한 삶을 이룬다. 세차게 흔들리는 경계에 서 있는 청춘의 이 순간, 지금 그 순간이 우리가 삶을 정의하고 나 자신이 주체가 되는 방향을 증명해야 할 때다.

영수증, 세탁기 그리고 베이글

에브리씽 에브리웨어 올 앳 원스
(Everything Everywhere All At Once, 2022)

    어느 날 아무렇지 않게 꼬깃해져 버리고는 했던 영수증이 눈에 들어왔다. 이 영수증은 누군가의 행위가 있던 흔적이기도 또는 증명이기도 하다. 나를 구성하는 것이고 남을 읽어 낼 수 있는 도구가 된다. 그냥 흘려보내고는 했던 이 영수증이 문득 눈에 들어온 것은, 여기서부터 시작된 하나의 이야기 때문이었다. 그것은 분명 기가 막힌 파생적인 이야기를 담아내면서도 단순한 상상력의 지평뿐만 아닌, 일상을 차지하며 전혀 눈여겨보지 못한 것에 대한 새로운 관심일 것이다. 그러니까 해석을 위한 새로운 담론을 끄집어내는 게 아니라 원래부터 그 자리에 있던 외면받은 것에 대해 시선을 두어 보자는 것이다.

    첫 장면, 거울이 등장했을 때 개인적으로 아차 싶었던 것은, 평소 이를 놓치고 있었기 때문이었다. 거울을 보고 자신을 비출 줄만 알았지, 그 속에 숨은 나를 끄집어낼 줄은 몰랐다. 그게 슈퍼히어로로든, 나약한 현실적 자아이든 말이다. 아마도 이때부터였을 것이다. 1부의 부제를 '에브리씽'으로 잡은 이유, 바로 그것 말이다.

이토록 끌리는 영화

꽉 막힌 해석의 창구는 의외로 영수증도 거울도 아닌 눈에 보였던 세탁기에서 흘러나왔다. 집이자 가게의 구석을 차지하고 있던 커다란 세탁기는 끊임없이 쉬지 않고 원을 그리며 돌아가고 있는데, 이를 단순히 삶의 굴레로만 표현했다고 보기에는 다소 아쉬운 부분이 있다. 오히려 마무리의 정점을 찍는 '베이글'처럼, 어느 한 곳 치우침 없는 무(無)의 영역으로 이해해 보면 어떨까. 바쁘게 살아가는 멀티버스 속 각자의 영역을 거부하고 아무것도 아닌 고요함의 그것에 삶을 맡겨보는 것 말이다. 그냥 간단히 삶의 굴레에 지쳤다고 말하는 것도 쉽게 이해되는 대목이겠다. 영화 〈에브리씽 에브리웨어 올 앳 원스〉(2022)는 개인의 삶에 대한 의미를 찾는 영화이지만, 그 삶에 지극히 복잡하고 많은 의미를 두고자 애를 쓰는 작품은 아니다. 어쩌면 우리가 이해하고 받아들이는 삶 그 자체를 어느 정도 가볍게 해석하고 정의하려고 노력하는 작품으로 보아도 될 듯하다. 이 정의는 영화 속 멀티버스를 통해 우리 모두를 한순간에 '주체'에서 '객체'로 만들어 버린다. 그러니까, '나'를 중심으로 돌아가는 삶을 두고, 잠시 '나'의 영역 밖에서 '나'를 새롭게 바라보고 해석해 보자는 것이다. 그렇게 보면, 여기서 '객체'는 의미 없는 것이 아닌 각자가 나를 이루는 구성 요소로서 어느 것 하나 허투루 쓰인다고 볼 수만은 없을 것 같다.

영화 속 확장된 존재, '조부 투파키'는 멀티버스 속 모든 시공간을 초월한 하나의 본질적인 존재로 표현된다. 여기서 이는 에블린(양자경 분)의 딸 조이(스테파니 수 분)의 정체로 나타나는데, 삶의 본질이 여느 영화처럼 하나의 이상형이 아닌 앞에서 언급한 베이글처럼 일상 속 평범함에서 존재한다는 사실을 깨닫게 해 주기도 한다. 조이는 뱅글뱅글 돌아가는 삶의 굴레를 견디다 못해 그저 이러한 것들에서 벗어나는 게 본질이라고 생각했고, 에블린은 이를 아우르는 게 인간의 삶이 가진 운명이자 이유라고 말한다. 영화는 여기서 어떤 게 옳고 그른지에 대한 논쟁을 제시하는 것은 아니다. 다만, 이를 두고 생각과 행동의 방향을 잡아야 한다는 논제 정도는 관객에게 던지고 있지 않나 생각한다. 이 때문에 여러 멀티버스로써 각자의 영역이 어떻게 읽히고 해석될 수 있는지를 다채로운 영상으로 표현했고, 이 과정에서 목적을 가진 주제를 표현하기 위한 여러 선택적 기제를 등장시키기도 한다. 에블린의 남편 웨이먼드(키 호이 콴 분)의 역할이 이를 좀 더 잘 드러내도록 다방면에서 활약했더라면 하는 아쉬움이 남는 이유이기도 하다.

2부의 부제를 '에브리웨어'로 택한 것은 여러 멀티버스에 늘어져 있는 각각의 객체를 언급한 것일까, 혹은 하나의 주체로서 그들이 가진 의미를 되새기는 공간을 만들어 주기 위함일까. 어쩌면 이 작품에서 멀티버스는 마블스튜디오가 오랜 기간 쌓은 그것과는 다른 의미로 활용된 것인지도 모른다. 흔히 '다중우주'로 표현되는 이러한 이야기는 다른 영역의 객체로 활용되는 경우가 많다. 주인공의 문제적 상황을 해소하고, 그 영역을 확장하는 데 있어 나름의 이해를 돕는 도구 말이다. 이 경우 멀티버스가 그저 이야기를 확장하거나 주된 등장인물의 대체재에 불과했다면, 영화 〈에브리씽 에브리웨어

이토록 끌리는 영화

올 앳 원스〉에서는 이를 좀 다르게 해석한다. 각자 나름의 영역을 가지고 있고 모두가 하고자 하는 각자의 이야기가 존재한다. 하물며 에블린과 조이의 대화는 베이글의 영역을 넘어 바위가 되어서도 이어지는 주체로서의 존재감을 보인다. 바위가 되어버린 그들은 어떠한 사회적 물질적 정신적 괴롭힘에서도 자유롭지만, 그들의 삶이 그렇게 완벽하다고 말할 정도의 위치를 보여주지는 않는다. 그야말로 완벽한 위치라고 부를 수 있는 그곳에서도 말이다. 그러니 부제인 '에브리웨어'는 단순히 장소를 언급한 게 아니라, 모든 곳에 있는 하나의 '주체'를 향한 수식어라고 불러도 전혀 어색하지 않다.

　영화 〈에브리씽 에브리웨어 올 앳 원스〉는 언뜻 보면 말도 안 되는 이야기와 표현으로 실소를 머금게 하는 코미디를 표방한다. 하지만 조금만 시선을 돌려 생각하면, 영화의 전체적인 구성이 상당히 치밀한 주관을 갖고 있다고 해도 과언이 아니다. 마블스튜디오의 멀티버스 개념을 가지고 온 듯하면서도 그 깊이는 〈매트릭스〉의 그것처럼 화면을 겹겹이 쌓아 말하고자 하는 메시지를 강하게 외칠 줄 안다. 꽤 넓은 영역의 구성은 〈빽 투 더 퓨처〉 트릴로지(trilogy)의 꼼꼼함을 닮았다. 허술한 것 같으면서도 허슬 플레이(hustle play)를 할 줄 알고, 우기는 듯하면서도 웃길 줄 안다. 그래서 이 영화는 눈에 띄는 '베이글'의 담백함처럼 차분하게 받아들이되 그 맛을 진지하게 느껴봐야 할 작품이다.

　영화 속 이야기의 확장은 모두가 선택한 연속된 결과이다. 마치 에블린이 바위로서의 위치보다도 딸인 조이를 우선으로 생각하고 적극적으로 이끌고자 설득했던 것처럼 말이다. 그녀의 선택은 자신의 삶과는 거리가 있지만, 오직 딸을 위해 살아가고 희생하는 순리를 그대로 따른다. 우리 삶은 그렇게 화려하지도 거창하지도 않다. 때로는 논리보다 본능이 앞서가듯이 우리는 그저 우리의 삶을 매 순간 살아갈 뿐이다. 그리고 어떤 선택과 어떠한 결과이건 간에, 여태 그래왔듯이 그 모든 것, 모든 곳에서 우리는 함께 지금처럼 살아갈 것이다.

이토록 끌리는 영화

사랑의 부재, 사랑의 존재

작은 아씨들
(Little Women, 2019)

사랑이 부재(不在)한 시기다. 이게 무슨 말일까 싶지만, 여기서 말하는 '사랑'은 우리가 흔히 아는 '사랑'과는 좀 거리가 있다. 물론 지금, 이 순간에도 세상에는 사랑의 기운이 넘쳐난다. 노랫말에 '사랑'이 빠지지 않고 등장하는 것처럼, 거리를 가득 채운 연인 간의 사랑의 눈빛과 가족 간에 오가는 따뜻한 말 한마디, 그리고 반려동물을 대하는 따스한 손길 하나까지도 말이다. 그런데도 이 사회에 '사랑'이 부재하다는 것은 무엇을 말하는 것일까. 사실, 여기서 '사랑의 부재'는 이 사회가 사랑을 거부하려는 경향을 보인다는 사실을 말하고 싶은 것이다. 사회 속에서 정치적, 문화적으로 다양한 분야를 통해 사랑을 정의하고 표현하려는 노력은 오래전부터 있었다. 그런데도 시간이 흐를수록 사회는 이를 부정하고, 포용하려 애쓰는 모양을 거부하는 듯하다. 오히려 사랑을 이해하는 시선을 애써 부정하고 이를 경계하려는 모양새를 보이지 않나 싶다.

뉴스를 가득 채운 여러 기사와 온라인을 풍성하게 달구고 있는 여러 담론만 보아도 그렇다. 사랑보다도, 그리고 사람과 사람 사이를 메워 넣은 삶을 고민하는 흔적조차 사라지고, 오히려 정치적 비판과 계층 간 단절, 또 힘든 삶을 받아들이는 비극적인 결말 등이 쉽게 떠오르며 점차 '사랑'이 실종되어 가는 시대가 도래하지 않았나 하는 생각이 든다. 이 모든 게 소통이 단절된 채 사랑을 부정하려고 애쓰는 모습의 단면만 강조되고 있어서가 아닐까. 우리가 이해하고 받아들이는 '사랑'은 삶을 채워 주는 필수 요소이고, 사람과 사람 사이를 따뜻하게 이어주는, 말하자면 없어서는 안 될 존재이기도 하다. 그런데도 이 사회는 갈수록 '사랑'이라는 단어를 조금씩 지워 가는 경향을 보인다. 그게 어떤 미래를 가져올지 그 결과를 생각조차 하지 못한 채 말이다. 그레타 거윅 감독의 영화 〈작은 아씨들〉(2019)은, 이 '사랑'의 가치를 현대적 시선으로 좀 더 구체화했다. 워낙 탄탄한 원작 구성을 기초로 하고 있기도 하지만, 무엇보다 인물 간 개성과 이로 인한 다양한 삶의 틀을 제시해, 감독 특유의 '사랑'을 바라보는 시선을 화면에 제대로 덧대고 있다. 이를테면 주인공 조(시얼샤 로넌 분)의 시선을 빌려 등장인물 개개인의 삶을 마치 수채화의 한 폭 마냥 다채롭게 표현하고 있는 점이 그러하다.

영화는 당시 사회적 약자로 인식된 여성의 삶과 내면이 여러 환경 속에서 어떻게 성장하는지를 잘 보여준다. 한편으로 대중의 시선에서 이야기 속 네 자매들의 성장이 현대 사회 속 '사랑'의 형성과 어떻게 연결되는지를 잘 읽을 수 있게 만드는 작품이기도 하다. 편견을 딛고 일어나고자 하는 의지, 꿈을 향한 발걸음, 소통과 용기, 삶과 죽음의 순간에서 깨닫게 되는 인생의 의미까지도 말이다. 작품이

이토록 끌리는 영화

표현하는 '사랑'은 여러 인물과 여러 환경 속에서 다양한 형태로 완성되어 간다. 영화 초반에 흘러나온 막내 에이미(플로렌스 퓨 분)의 "꿈을 왜 창피해해야 해?"라는 대사는 바로 여성에 대한 편견에 사로잡혀 있던 당시 사회의 따가운 시선을 따끔하게 지적하는 대목이다. 극 중, 조는 소설을 쓰는 예비 작가로 등장한다. 그녀의 글에 대한 자부심은 마치 타인의 시선에 절대 흔들리지 않을 것처럼 단단하지만, 한편 자신의 관점과 해석이 남들의 눈에 어떻게 비칠지 걱정하는 두려운 마음도 존재한다. 결국 사회의 구성원으로서 인정받기 이전에 눈앞에 놓인 '타인의 시선'이라는 높은 장벽을 뛰어넘어야 한다는 부담감을 느끼고 있다는 이야기이다. 그녀의 글은 이야기를 거듭하며 이와 같은 과정을 거쳐 자신만의 개성과 완성도를 갖춰 나간다. 그 안에는 그녀를 비롯해 여러 자매의 삶과 청춘이 그대로 녹아든다. 언니 멕(엠마 왓슨 분)이 개인의 꿈을 접고 결혼을 선택해 한 사람의 아내로서 새로운 꿈을 선택한 것도, 동생 에이미가 당찬 모습으로 꿈과 사랑을 쟁취한 것도, 어쩌면 베스(엘리자 스캔런 분)의 죽음까지도 모두가 함께 삶을 완성하고 해석하는 과정이고, 또 사랑을 표현하고 받아들이는 과정에 해당하기도 한다.

오랜 노력 끝에 그녀가 완성한 소설은 그녀의 내적 성장 과정의 희로애락을 잘 버무린 채 세상 밖으로 나온다. 그 안에는 자신이 하고자 하는 꿈에 대한 의지와 성취감에 들뜬 기쁜 순간이 존재하기도 하고, 때로는 절망하고 화가 나거나 혹은 절실하게 사랑을 갈구하기도 하며, 또 즐겁고 행복한 순간에 취한 추억을 내재하고 있기도 하다. 이 모든 게 그들의 성장을 구체화하고 있는 것이라면, 이를 대표하는 단 하나의 키워드는 단연코 '사랑'일 것이다. 사랑은 타인에 의해서가 아닌, 자신이 스스로 선택하고 행동하며 의미를 부여하는 행위이기 때문이다. 그래서 사회 속에서 이의 존재는 분명 중요한 가치를 가진다고 할 수 있다.

영화 〈작은 아씨들〉이 표현하는 다양한 삶의 주체는 네 자매들 모두가 행동한 자신의 선택이었고, 그 선택에는 서로를 믿고 순간을 함께 나눈 '사랑'이 존재했기에 가능했다. 만남과 이별의 순간에도 성공과 실패의 순간에도, 그 소통의 순간에 언제나 모두가 함께했고, 모두가 함께했기에 이를 견뎌 나갈 수 있었다. 그레타 거윅 감독은 원작의 풍미를 그대로 감싸 안으면서도 그녀만의 시선으로 현대 사회 속 '사랑'의 부재를 새롭게 읽어내고자 했던 것 같다. 여전히 존재하는 사회적 편견과 여러 장벽, 고난과 노력의 과정을 주체적인 의지와 정신에서 나오는 사랑의 힘으로 재해석하는 것처럼 말이다. 언젠가 신문 지면에서 우리나라 사람들의 화병(火病))이 극에 달해 있다는 기사를 본 적이 있다. 상식이 안 통하는 사회, 아마도 그 화병 또한 이것에서 기인하는 게 아닐까. 이것 또한 글의 서두에서 이야기한 '사랑'의 부재와 맞닿는 부분이 아닐까 싶다. 이는 거시적이거나 미시적으로 판단되지도 않으며, 그저 개개인의 내면에서 형성되고 사라지는 존재의 개념에 지나지 않는다. 그러니 불길이 꺼졌다면 언제든지 다시 켤 수도 있다. 영화 속에서 조는 그 시기에 겪을 수 있는 사랑과 우정, 반성과 이해의 과정을 담아 자신

💾 이토록 끌리는 영화

만의 문장을 깎고 다듬어 간다. 마치 그녀를 둘러싼 이야기에 자신의 감성적 부분의 성장 과정을 덧칠한 것처럼.

　누구나 자신의 이야기를 만들어낼 수 있다. 누군가 만든 이야기는 여러 번 덧칠할수록 비어 있는 틈이 메워지고 사람과 사람 사이를 자연스레 이어갈 수 있다. 때로 나는 영화 〈작은 아씨들〉 속 그들의 이야기를 통해서 나 자신을 질책하게 될 때가 있다. 나만의 이야기를 글로써 펼친다는 게 어떤 의미로 다가오는지를 판단하게 된다는 이야기이다. 누군가의 스타일에 이야기를 얹어 오롯이 비슷한 여정을 걸어가는 게 아니라, 나만의 삶을 걸어갈 때 비로소 자신의 이야기에 '사랑'의 생명이 불어넣어진다는 사실을 깨닫게 된다. 그게 좋은 방향이든 나쁜 방향이든 그것은 나만의 이야기이고, 누구에게나 자신을 수식할 수 있는 이야기가 된다. 세상은 풍성한 텍스트를 원하고, 이는 오직 주체적인 의지와 행동을 가진 '사랑'으로 채워나갈 수 있다. 누구나 그렇게 할 수 있다.

2부_ 여름

리듬 있는 재즈 선율, 뽀얀 카푸치노

『쉽게 예상할 수 있듯이 린이 답안 유출 또는 대리 시험을 선택하는 이유는 지긋한 가난에서 시작되지만, 이 스케일이 점점 커지는 부분은 린의 사회적 시각이 함께 성장하는 부분으로 해석되기도 한다.』

흔들리는 청춘

배드 지니어스
(Bad Genius, 2017)

인생은 끝없이 펼쳐지는 문제들의 시험장이다. 어린 학생들에게 일찍이 인생을 결정하라고 강요하는 것은 시작부터 무리다. 그들에게 인생은 태어난 순간부터 어쩔 수 없이 살게 되는 무게가 되고 만다. 살면서 치트키 한 번 안 써 본 사람이 어디 있을까. 알고 보면 자동차와 같은 문물도 목적지에 편히 가기 위한 편법이다. 전래동화 〈토끼와 거북이〉와 같이 정당한 실력으로 결과를 가려내야지, 누구는 있는 힘껏 뛰고 있는데, 어떤 이는 앞서서 출발하면서도 자동차를 이용해 편히 나아가고 있지 않은가. 그리고 보면 대학 시절 시험기간 때, 도서관 자리를 잡기 위해 새벽부터 집을 나설 때도 그랬던 것 같다. 지하철 첫 열차를 타고서는 역에 내리자마자 냅다 뛰어댔지만, 어느 날 뒤에서 귓가를 울리는 '택시!' 소리의 등장에 어처구니없는 심정이 되어버린 것은, 그대로 지금의 오기로 이어졌다. 누군들 택시를 타고 좀 더 빨리 가고 싶지 않았을까. 이처럼 인생은 공평하지 않은 시험대 위에서 시작되지만 이러한 것도 기나긴 레이스의 순간일 뿐이다. 까짓거 받아들일 수 있는 수준이라는 것이다. 발 빠른 토끼도 잠을 자는 순간이 존재한다. 꾸준하게 노력한

거북이가 결국 레이스의 최종 승자가 된 것처럼 인생의 긴 레이스는 그 결과를 아무도 짐작하지 못한다. 이처럼 사회를 바라보는 시선이 양분되는 것은, 아무래도 사회 스스로가 만든 경향이 강하다. 쉽게 이야기해 너무 이른 시점부터 이를 솔직하게 드러낸다는 사실이다. 실력 있는 학생 린(추티몬 추엥차로엔수키잉 분)이 여기에 오른 것도 이 때문이었다. 결국 부(富)와 빈(貧)으로 굵고 진하게 갈라놓은 선. 그 선은 아직 세상의 속내를 온전히 받아들이기에는 어리고 여린 학생이자 아이들에게 있어서 가혹하게만 느껴질 뿐이다.

영화 〈배드 지니어스〉(2017)는 여느 영화에서도 쉽게 만날 수 있을 정도의 평범하고 솔직한 이야기 전개로 관객들에게 익숙한 결말을 전하는 영화다. 그런 부분에서 관객에게 다가갈 수 있는 매력을 쉽게 찾기 힘든 것도 사실이다. 하지만 누구나 살면서 겪고 있거나 한 번씩은 겪어 봤던 학창 시절의 시험대, 문제의 보기를 놓고 인생을 가르는 순간에 치트키를 사용하는 것은 주목할 만한 부분이 아닐까 싶다. 또한 모든 이들이 경험한 머리에 쥐가 나고 손에 땀이 쥐어지는 그 순간의 긴장을 현실적이고도 사실적으로 표현해 관객에게 재미를 선사하는 장점이 있다고 하겠다. 쉽게 예상할 수 있듯이 린이 답안 유출 또는 대리 시험을 선택하는 이유는 지긋한 가난에서 시작되지만, 이 스케일이 점점 커지는 부분은 린의 사회적 시각이 함께 성장하는 부분으로 해석되기도 한다. 영화는 린을 중심으로 그녀를 계속해서 흔들어대는 이들을 적절히 배치했고, 그 규모를 키우기 위해 알맞은 조력자도 함께 투입한다. 가장 긴장감 넘

🎬 이토록 끌리는 영화

치는 장면은 역시 시험 과정에서 답안 유출을 감행하는 부분인데, 그동안 쉽게 접해 온 태국 영화의 스타일답지 않게, 이야기를 다루는 스케일이 크고 세세한 부분까지 다루고자 노력해 펼쳐진 그 긴 장감은 어지간한 할리우드 스타일에 못지않다. 영화의 중간중간에 린이 의뢰자의 대리 시험을 치르는 아슬아슬한 대목 또한 관객이 화면에 몰입하기 쉽게 긍정적인 연출을 보여준다. 다만 이 분위기에 심취해 이야기가 적정 수준에서 그치고 만 게 다소 아쉽긴 하다. 지금까지 끌고 온 이야기와 배우들의 뛰어난 연기, 숏과 숏을 잇는 긴장 가득한 사운드와 카메라 시선까지도, 사각의 요소를 다채롭게 전환하며 제한 없이 넓혀 오는 데 이바지했는데도 말이다. 결국 엄청난 규모로 그 판을 키운 천재소녀 린의 대담한 부정행위는 부와 권력의 무게에 굴복하느냐 아니면 정의의 심판대에 그 결과를 맡기느냐의 다소 식상한 이야기로 영화를 결론지으려 하고 그 마무리는 누구나 예상할 수 있는 방향이다.

마치 영화 〈주유소 습격사건〉(Attack The Gas Station, 1999)처럼 영화의 표현이나 메시지로 영향을 미치는 사회적 현상이 영화의 그것을 단순히 모방할 수 있음을 고려한다면, 아무런 상관없이 이야기를 마구 펼쳐놓는 것도 조심스럽다. 하지만 좋은 소재를 놓고도 이를 평범하게 다룰 수밖에 없다면, 그만큼 아쉬운 게 또 있을까. 영화가 주장하는 요점은 다름 아닌 린이 부정행위의 스케일을 갈수록 키워나가는 데 있다. 결국 그녀를 둘러싼 수많은 조력자는 시험대 앞에서 흔들리는 또 다른 이들의 시선이 주위를 감싸고 있음을 가리키고 있는 것이겠다. 학생들의 흔들리는 마음은 그 시절 청춘의 열정과 열기가 한 번의 선택으로 인해 잘못된 방향으로 나아갈 수 있음을 내비친다. 그리고 그들에게 주어지는 가혹한 삶의 무게가 때로는 그들을 거칠게 변화시키고, 그 원인이 어쩌면 우리가 스스로 만들어 낸 잘못된 사회적 구조에서 기인한다고 생각되는 게 아닐까.

살면서 누구나 치트키를 써 본다. 이 질문은 서두에서 여러 차례 했던 질문이기도 하다. 결국, 감독은 치트키를 바라보는 사회적 시선의 이면을 그대로 화면에 옮겨와 누구나 공감할 수 있는 경험의 솔직함에 담아냈다고 하겠다. 그 과정에서 순간의 긴장감마저 사실적으로 표현한 것도 영화를 보는 재미일 것이다. 여기에 흔들리는 청춘과 더불어 부와 권력의 이중적 잣대, 그리고 계속해서 반복되는 사회 구조의 문제점을 냉철하게 지적하기도 했다. 초반 여러 장면의 강렬함이 꾸준하게 지속됐더라면 하는 아쉬움은 당연히 있다. 탄탄한 각본의 부재가 좀 더 안타깝기도 하다. 하지만 배우의 열연과 더불어 장면마다 드러나는 연출의 기교가 제법 보는 이들의 감정과 경험을 공유하는 맛이 있어, 이 영화를 보는 재미의 감칠맛을 더해 준다. 쉼 없이 달려가는 삶의 순간순간은 언제나 선택을 위한 보기를 던진다. 그 선택이 삶을 이끌고 한 사람의 인생을 그려 가지만, 한편 인생은 나름의 지우개도 존재한다. 선택도 판단도 그 무게의 아픔 때문에 좌절하기도 하지만 이를 어떻게 마무리할지는 여전히 자기 자신이 선택해야 할 몫이다.

이토록 끌리는 영화

우리는 모두 이렇게 사랑해 왔다

어쩌면 우린 헤어졌는지 모른다
(Someone You Loved, 2023)

신조어 현상이 제법 오래간다. 세대를 거듭할수록 어려운 말이 세상에 난무하고, 본인도 이를 심각하게 겪는 중이다. 방송에서는 중견 연예인이 트민남(트렌드에 민감한 남자)을 자처하며 신조어 공부에 정신없기도 하다. 흔히 친구 관계보다 발전됐지만, 연인 관계 미만인 사이, 이걸 요즘은 '썸'이라 부른다고 한다. 이를 주관적 의견으로 애매모호한 관계로 받아들이면 될까. 문득 이런 생각도 해본다. 연인으로 발전하기 이전도 좋지만, 이별을 경험한 후 다시 형성된 관계라면? 명확히 말하자면 이건 '썸'의 정의에 해당하지 않지만, 연인 관계 미만이라는 게 반드시 연인 이전이라는 전제를 달고 있지는 않으니 말이다. 우리가 헤어짐에 있어 얼마나 똑 부러지게 인연을 끊을 수 있겠는가마는, 사실 이별은 현재 시점에서 바라보는 관계일 뿐이다. 이별은 칼로 물 베듯 딱 잘라 끊을 수 없다. 경험상 분명 아니다. 그런데도 이별을 주제로 한 영화는 많지만, 이별 후 연인의 속내까지 자세히 들여다본 작품은 드물다. 어쩌면 새롭게 시작하는 인연에 좀 더 집중한 이유일 수도 있고, 흘러간 과거가 또 다른 의미를 형성하지 못하는 이유 때문일 수도 있다.

이 부분만큼은 분명 짚고 넘어가야겠다. 의미 없이 흘러간 과거는 없고, 그 과거가 지금의 현재를, 그리고 새로운 미래를 형성하는 데 커다란 자양분이 된다는 사실 말이다. 영화 〈어쩌면 우린 헤어졌는지 모른다〉(2023)의 준호(이동휘 분)와 아영(정은채 분)이 아마도 여기에 해당하지 않을까. 오랜 기간 공무원 시험을 준비해 온 남자친구 준호와 함께 동거하며 묵묵히 그를 뒷받침해 주는 아영은 하루하루가 답답하기만 하다. 준호가 제대로 공부에 전념해 주면 좋을 텐데, 오랜 시간이 흐르며 나름의 정체에 빠져버렸기 때문이다. 화면 속에서 준호가 공부하는 모습을 찾기란 정말 어렵다. 그는 매일같이 잠만 자거나, 친구와 함께 게임을 하며 시간을 보내고, 또는 동네 학생들의 담배를 뺏는 등 여느 백수와 다를 바 없는 모습을 보여준다. 이런 준호를 아영은 끝까지 믿어 보려 노력하지만, 상황은 녹록지 않다. 결국, 준호와 아영은 서로에게 쌓인 힘겨움을 견디지 못하고 끝내 이별을 나누고 만다.

이 작품은 이별 이야기치고는 흔한 눈물조차 보이지 않는다. 준호는 자신을 세차게 밀어내는 아영에게 사과하며 그녀를 붙잡고자 노력하지만, 아영에게 더 이상 준호에 대한 미련은 남아 있지 않다. 공인중개사 일을 하는 아영은 일을 하며 알게 된 경일(강길우 분)에게 마음을 주려 노력하고, 준호 또한 아영에 대한 마음을 접고 우연히 안나(정다은 분)를 만나며 그녀를 잊으려 한다. 형슬우 감독의 이야기는 아마도 이때부터 시작되는 게 아닌가 싶다. 우리가 흔히 이야기하는 '사람의 본성은 바뀌지 않는다.'라는 명제는 과연 진실일까.

이토록 끌리는 영화

영화는 겉으로 헤어졌지만, 속내는 헤어지지 않은, 즉 계속해서 이전의 습관을 벗어나지 못하는 두 남녀의 마음을 조명한다. 그리고 그 속에서 현실과 이상의 차이를 깊숙이 들여다보고자 노력하는 듯하다. 이것은 단순히 구관과 신관의 차이를 비교하는 게 아니라, 익숙함과 익숙하지 않은 것의 비교, 그리고 거기서 묻어나오는 본성의 불변함을 표면적으로 드러내고 있다고 봐도 좋을 것이다. 사실 영화를 보는 관객의 입장에서 누구나 생각하듯 준호에게 많은 문제가 있지만, 좀 더 자세히 살펴보면 이미 아영의 시선 변화가 꽤 커다란 그림자로 다가오는 것을 이해할 수 있다. 알고 보면, 준호는 익숙함을 무기 삼아 일상을 안정적으로 고착시키려 했고, 아영은 그 익숙함에서 지나치게 벗어나려 노력했다는 생각이다.

영화에서 눈여겨볼 점은 일반적인 시선에서 담아낼 수 있는 남녀 간 감정의 오고 감이 아니다. 오히려 준호와 아영은 서로가 짠 듯 다른 누군가에게로 시선을 돌리려 노력한다. 그리고 이내 자신이 그러지 못함을 누구보다 빨리 깨닫고 속으로 좌절하고 만다. 사람은 이미 돌이킬 수 없는 상황에 부닥쳤음을 스스로 인지할 때 가장 빠르게 포기할 줄 안다. 결국, 이들의 사랑은 불타듯 타오르다가도 그 익숙함에 가라앉았고, 그 익숙함이 일상이 되었을 때 스스로 이를 포기해 버린 거다. 아마도 준호는 아영이 자신에게서 멀어지고 있음을 이미 알아채고 있었을지도 모른다. 물론, 그는 의지와 상관없이 스스로 변화를 불러올 수 있었다. 그리고 아영 또한 이를 알고 있었을 것이다. 그녀는 준호의 공부를 핑계로 애써 그를 붙잡고 있었지만, 속내는 일찌감치 그를 포기했었다. 그러니 모든 상황이 그를 놓기 위한 연습이 되고 있던 것이었다. 그런데도 두 사람이 이별을 맞이했을 때 서로가 지나온 익숙한 과거는 그 냄새를 채지우지 못하고 다른 이들로 이를 대체하고자 해도 쉽게 그러지 못한다. 결국, 영화는 겉으로는 감정의 굴곡을 강하게 내비쳐도, 이면에서는 그들 감정이 변화를 마주할 용기를 내지 못하고 있음을 보여주는 듯하다.

형슬우 감독은 연인이 갖기 쉬운 감정의 굴곡을 하나의 기제로 대표했다. 이는 겉으로 드러난 표정이나 행동, 대사 등이 아닌, 눈에 보이지 않는 감정선으로 말할 수 있다. 격렬하게 부닥치는 듯했던 두 사람의 감정 대립은 알고 보면 하나도 이동하지 않고 그 자리에 그대로 있었던 것이니까 말이다. 여기에 끼어든 것은 어쩌면 흔히 말하는 자존심이 될 수도 있고, 오랫동안 묵혀버린 익숙함과 지루함일 수도 있다. 혹은 주변과 비교함으로써 괜한 투정이 확대된 것일 수도 있다. 이렇듯 전혀 보이지 않는 숨겨진 감정 변화를 영화라는 작은 틀에 알맞게 집어넣은 것은 실로 놀랍다. 그래서 이 작품은 연기와 연출이 밀당의 조화를 이뤄낸 재미가 소소하게 다가오는 작품이다.

헤어진 후 오랜만에 아영을 만나러 간 준호는 하필 그날따라 담에 걸려 그녀를 똑바로 바라보지 못한다. 아마도 무채색의 감정선이 유일하게 형태를 갖춘 대표적 기제가 아닐까. 영화 〈어쩌면 우린 헤어졌는지 모른다〉는 이런 부분이 장점으로 드러나는 작품

이토록 끌리는 영화

이기도 하다. 여기에 제목에서 드러나는 반어적 성격의 의미는 큰 틀에 있어 앞에서 언급한 모호성을 더한다. 분명히 헤어졌지만 헤어진 줄 모르는 불확실한 감정의 틀이 어느새 전체적인 맥락을 채우고 있기 때문이다. 우리는 모두 이렇게 사랑해 왔다. 다들 솔직해지자. 어쩌면 우리는 이미 헤어졌는지 모른다.

도시의 하루는 각자의 사연을 가진다

너의 세계를 지나칠 때
(I Belonged to You, 2016)

　영화가 가지는 한계가 있다면 '소재'가 아닌가 싶다. 그 소재를 넘어서는 것은 바로 '장르'다. 소재가 관객에게 풀어놓는 이야기의 배경이라면, 장르는 배경을 구성하는 무대라고 할 수 있다. 한때 실화를 다룬 작품들이 봇물 터지듯 흘러나온 적이 있었다. 이 또한 소재의 고갈이 원인이다. 사람들 사이의 이야기에서 대표적인 소재는 바로 '사랑'이다. 사랑은 사람들이 가지는 가장 기본적인 감정이다. 영화는 오랫동안 남녀 간의 사랑을 소재 삼아 관객에게 다양한 이야기를 풀어냈다. 이는 관객의 공감대를 충분히 끌어낼 정도로 관객에게 익숙한 추억을 제공했다. 때로는 남녀 간의 사랑이 동성 간 사랑으로 증폭되거나 가족 간의 사랑으로 확대되기도 한다. 혹은 사랑 그 자체를 아름답게 묘사하는 것을 넘어 인륜적으로 위험한 사랑까지도 끌어낸다. 영화는 '사랑'이라는 소재를 결코 가볍게 여기지 않고 깊숙하고도 애틋한 심정으로 다양한 방식에서 이에 접근하는 방법을 알고 있는 듯하다.

　장 이바이 감독은 이 평범하고도 흔한 '사랑'이라는 소재를 놓고 조금은 다른 해석을 시도했다. 그는 모두가 사랑을 시도하는 과정에서, 자신만의 감정적 공간(영역)을 구축한다고 주장한다. 그가 제시한 세 쌍의 남녀는 모두 다 사랑 전선에 앞서 자기만의 방식을 고집한다. 이들의 사랑은 주고받는 방식, 즉 서로가 통하는 사랑만은 아니다. 사랑을 주는 사람과 사랑을 받는 사람이 구분되기도 하고, 서로의 텔레파시가 절묘하게 조화를 이루는가 하면, 사랑을 거부하는 이유조차 명확하게 설득되기도 한다. 그래서 천모(덩차오 분)가 중얼거리며 하던 '한 여자를 위해 인생 전부를 바꾸는 게 과연 가치있는 일인가.'라는 물음표의 말에 관객들은 결코 그냥 지나치지 못한다.

'시티 라디오' 방송국 디제이 천모는 방송 도중, 동료 디제이이자 애인인 샤오룽(두쥐안 분)에게 갑작스런 이별 통보를 받는다. 그는 아무렇지 않은 듯 시원하게 이를 받아들이지만 뒤에서는 이를 계속해서 곱씹으며 과거를 부정하려 애를 쓴다. 그는 친구 주토우(악운봉 분)와 사촌동생 마오스바(양양 분), 그리고 치매에 걸린 어머니로 둘러싸인 현실 속에서 하루를 냉정하게 살아내려 힘쓰지만, 실상은 샤오룽과 연결된 끈을 놓지 못한 채 과거 속에 빠져 산다. 그는 자신만의 방식으로 사랑을 부정하고 있는 듯 보이지만 사실은 자기 자신에 대한 질책이 더 강하다. 이는 리즈(바이바이허 분)라는 인물도 마찬가지다. 그녀 또한 자신만의 방식으로 천모의 사촌동생인 마오스바를 좋아하고 그의 일부를 끌어안으려고 노력한다. 어쩌면 마오스바는 처음부터 그녀를 인정하고 받아들이려 했는지 모른다. 일방적인 사랑과 일방적인 도피가 그 접점을 찾을 수 있었던 것은 애초부터 몸과 마음이 같은 곳을 향하고 있었다는 증거가 될 수 있으니 말이다.

천모의 친구 주토우와 옌즈(류옌 분) 커플은 주토우가 자신만의 방식을 고집한 듯 보여도, 화면은 오히려 눈에 보이지 않는 옌즈의 리드가 더 강했음을 드러낸다. 사랑의 쟁취는 일방적인 것에서 비롯되지 않고 오히려 낚시를 즐기는 것처럼 밀고 당기는 맛에서 성공률이 더 높다. 결국 그녀는 아무런 사랑의 흔적을 남기지 못한 채 그녀만의 방식으로 그의 사랑을 거부해 버린다. 이들이 보여주는 것은 각자의 방식으로 다가가고 각자의 방식으로 거부하는 사랑이지만, 균형을 깨뜨리는 것은 바로 천모의 직장 동료 야오지(장천애 분)다. 그녀는 자신만의 사랑을 고집하지 않고 오히려 상대를 인정하려고 노력한다. 그 노력은 어쩌면 인내이고 어쩌면 자신을 지워버리는 대담한 결심이 뒤따르는 일이었다. 그래서, 그녀는 처음부터 끝까지 천모의 뒤에서 스스로를 철저하게 가린 채 그의 그림자가 될 수밖에 없었다. 천모와 야오지가 진행하는 라디오 프로그램의 제목은 '너의 세계를 지나칠 때'이다. 이와 동시에 이 프로그램은 이 영화의 제목이기도 하다. 이 문장은 영화 속에서 표현되는 '사랑'에 대한 접근법을 객관적으로 묘사한다. 구체적으로 너의 세계로 '빠져드는' 사랑이 아닌 '지나치는' 것에 대한 의미를 더욱 분명히 한다는 것이다. 괴짜 발명가로 아무런 존재감을 드러내지 못했던 마오스바는 모든 일에 적극적인 리즈를 통해 자신의 발명품에 대한 자신감과 함께 그녀를 위해 희생까지 할 수 있는 위치를 차지했다.

이토록 끌리는 영화

주토우는 옌즈가 있었기에 대학 시절부터 지금까지 자신의 인생을 이끌어 올 수 있었고, 그녀 덕분에 그녀를 마음속에서 내려놓고 새로운 인생을 시작할 용기를 낼 수 있었다. 그녀가 자신을 인정해주고 그의 곁에서 함께 해주었던 것만으로 그는 자신감을 갖고 그녀를 위한 희생적인 삶을 택할 수 있었던 것이다. 그가 그녀가 떠나가자마자 자취를 감춘 뒤 전쟁터에서 타인을 위한 삶을 살고자 노력하는 것은 새로운 시작을 열고자 하는 노력이 반영된 것이다.

천모는 헤어진 연인 샤오롱에 대한 화를 억누르고 그녀에 대한 화풀이를 하며 하루하루를 힘겹게 버티며 살아가고 있었지만, 동료 야오지의 등장으로 새로운 리듬을 타게 된다. 청취율이 바닥을 찍던 그의 라디오 프로그램도 다시 생기를 되찾게 되고 지금까지 그래왔던 것처럼 청취자들의 고민을 들어주고 그들에게 힘이 될 수 있는 계기 또한 마련한다. 그가 바라보고 있었던 샤오롱은 어쩌면 그에게는 잡히지 않는 허상일 뿐이었고 새롭게 다가온 야오지를 인정하고 받아들이는 순간 그는 스스로 빛을 찾을 수 있었다. 치매에 걸린 천모의 어머니는 언제나 아들을 기다리고 있었는데, 현재의 아들이 아닌 잃어버린 과거에 대한 아쉬움과 그리움이 강하게 표현된 장면이라 할 수 있겠다. 라디오 주파수로 공유되는 디제이의 목소리를 채워 주는 것은 도시의 뜨거운 하루를 보내고 있는 모든 이들의 사연이다. 그리고 그 각각의 사연들은 각자의 이야기를 지닌 채 누구나 할 것 없이 서로의 세계를 지나치고 있다. 영화는 세 쌍의 남녀가 자신만의 감정적 공간(영역)에서 각자의 사랑 방식을 만드는 이야기를 그렸다. 그들은 각자 다른 듯 사랑 이야기를 펼치지만, 알고 보면 그들 각자의 사연은 라디오라는 매개체로써 모든 이들과 공유되고 있었다. 그들 사이사이에 라디오가 존재하고 있었음을 생각하면, 그들 각자의 공간(영역)과 방식은 이미 서로의 세계를 지나치며 서로에게 가장 가까이 스며들고 있었던 게 아니었을까.

이토록 끌리는 영화

연애를 정의하고 싶을 때

연애 빠진 로맨스
(Nothing Serious, 2021)

본능과 이성의 경계에서 사람이라면 누구나 가능한 이성적 판단을 선택하게 된다. 적어도 생각이 아닌 행동의 표출에서라면 말이다. 그렇다고 한들 머릿속을 어지럽히는 본능의 속삭임을 애써 완전히 지워버릴 수 있을까. 누구든 적당한 시기가 되면 그 시기에 알맞은 생각과 행동, 호기심과 그에 따른 구체적 결과를 요구받기 마련이다. 그것이 젊은 남녀라면 더욱 그러할 테다. 길고 긴 영화사의 영역에 있어 도마 위에 성(性)을 올려놓지 않은 적이 몇 번이나 있었던가. 그것은 관객의 호기심도 또 제작자의 실험 조건에도 너무나 쉽고 적절하게 부합하고 있어서가 아닐까. 이 글을 쓰고 읽는 순간에도, 상상의 나래를 펼치고 있음은 우리가 살아온 과거도 현재도 미래에도, 이상의 영역 속에 이를 애써 구겨 넣고 있기 때문이다.

영화 〈연애 빠진 로맨스〉(2021)는 구성의 억지스러움은 둘째치고 참 솔직한 영화임은 틀림없다. 허울 좋게 애매한 맥락을 들고나와 영화로서의 판타지를 관객에게 과감하게 전하고자 하는 여타의 영화들과 분명 다르다는 점에서다. 오히려 솔직함이 극에 달해 대사

한마디 한마디, 눈빛과 행동 하나하나마다 톡톡 튀는 모양새를 취한다. 함자영(전종서 분)과 박우리(손석구 분), 두 사람의 연애 프로세스, 그 전까지는 스릴을 동반한 연애 프로젝트로 불릴 바로 그것 때문이다. 그들이 첫 만남을 '서울역사박물관' 앞에서 가진 것에서부터 우리는 눈치를 챘어야 했다. 언어 유희적 뉘앙스를 풍긴 이 장소는 영화 속에서 역사(歷史)와 역사(驛舍)로 대변되는 묘한 중복적 의미를 동시에 지닌다. 두 사람의 연애가 시작되는 계기와 출발점을 함께 표현하고자 한 정가영 감독의 센스가 돋보이는 지점이 아닐 수 없다.

두 사람은 처음부터 유치한 탐색전을 보이는 것조차 사치스럽게 생각하는데, 친구들의 등쌀에 밀려 소개팅 앱 '오작교미'를 택한 게 아닌, 주어진 상황을 해결하기 위한 본인들의 선택이었음을 직시하고 있다는 점에서 그렇다. 결국 소주로 시작해 반말을 거쳐 원 나잇으로 끝난 그들의 첫 만남은, 누군가에게는 새로운 감정의 시선으로, 어떤 이에게는 현장에서의 거친 돌파구를 섬세한 펜으로 묘사해야 하는 숙제가 되어버린다. 이처럼 이 영화는 시대가 변해도 여전히 함축적 의미를 놓지 않은 '연애'의 의미를 너무나 현대적이고 현실적으로 해석하려 노력한다. 영화의 표면적 연출에 따르면, '연애'는 선택이지만 의무이자 숙제이고, '사랑'은 필요충분조건임에도 상황에 따라 해답이 정답이 아닐 수도 있다는 것이다. 주인공 자영과 우리는 그런 점에서 서로가 가진 감정을 '해결'하고자 하기보다는 '해소'하고자 노력한다.

이토록 끌리는 영화

누구나 그렇지 않을까. 처음에는 '연애'를 잘 몰라서 어색하고 촌스럽게 접근하다가도, 나중에는 '연애'를 잘 알아서 어색하고 촌스럽게 다가간다. 상대를 어떻게 대할지 모르고 나를 어떻게 표현할지 모르는 것은 예나 지금이나 똑같다. 나 또한 그 시절에 어눌한 말투로 한순간 옛 드라마 〈여로〉(1972)의 바보 '영구'가 되기 일쑤였고, 주어진 상황에 솔직해지고 싶었지만, 솔직히 최선이 아니었음을 오랜 시간이 흐르고 난 이후에야 비로소 깨닫고는 했다. 그것은 '나'를 표현하는 데 집중해 상대방의 의식을 헤아리지 못한 이유도, 또 때로는 '나'를 수식하는 노력이 필요할 때도 있음을 인지하지 못했던 이유도 있을 것이다. '연애'와 '로맨스'는 비슷한 듯 다르고, 다르지만 일관된 목적과 방향을 가져가고 있는 듯하다. 어쩌면 이 영화 〈연애 빠진 로맨스〉는 이런 '연애'에 대한 정의를 제대로 한번 내려 보고자 시도한 영화가 아닐까 싶다.

다만 영화에 있어 각자의 가치관이 변화하는 과정을 겉으로 대충 훑어가는 과정은 확실히 아쉬운 부분이다. 배우 전종서가 맡은 '자영' 역할은 그동안 여러 작품에서 쌓아온 배우 전종서의 진한 연기 색깔을 그대로 이어가는 듯 보였지만, 결정적인 부분에서는 감정의 표출이 제대로 살아나지 않는 아쉬움을 노출했으며, 배우 손석구가 맡은 '우리' 또한 감정의 변화를 보여주기에 마치 널뛰는 그래프와 같이 그 폭을 눈에 띄게 크게 전환하는 측면이 있다. 관객의 시각에서 아쉬운 두 사람의 감정 변화의 틀은 너무나 판에 박힌 시스템에 덧씌워진 형태라는 점에서, 사소한 아쉬움 하나를 남겼다고 볼 수 있겠다. 특히 영화의 제목처럼 '연애'를 빼놓고 '로맨스'를 찾는 과정에서는 더욱 그렇다. 어쨌든 그들은 서로 다른 목적을 두고 분명 '연애'를 정의하려 노력했고, 그 결과는 여지없이 '로맨스'(romance, 연애/사랑)로 이어지는 언어의 중복적 의미를 내세우고 있기 때문이다.

로맨틱 코미디가 현실적인 제약에 빠져 다소 식상한 형태를 갖추는 것은 어쩌면 일반적인 일일 수도 있다. 덕분에 내러티브가 주는 재미보다 캐스팅을 이용한 배우들의 친숙함이 영화가 상영되는 연말의 극장가를 지탱해 주는 것도 사실이다. 하지만 이 작품 〈연애빠진 로맨스〉는 그런데도 도입에 있어서 조금이나마 사실적이고 구체적인 젊은이의 방황과 현실적인 연애에 좀 더 가까이 접근하려 노력했다고 생각된다. 또한 전종서, 손석구 두 배우의 어울리지 않은 듯 강한 매력의 티키타카는 영화의 재미를 중반까지 무리 없이 끌고 가는 힘을 얻었다. 단순히 연인과 손을 잡고 재미를 위해 이 영화를 보기보다 오히려 권태기에 빠진 연애 중반 이상의 연인들이 초기 연애 감정을 되찾고자 하는 목적이면 어떨까. '기대'는 잠시 덜어 놓고 연애 초반의 감정을 도로 가져와야 한다는 부담을 묵직하게 가져간다면, 작품을 통해 받아들이는 자신의 감정을 쉽게 조절할 수 있을 테니까. 물론, 영화는 영화로 받아들여야지 이를 현실로 꺼내 깊은 구석까지 가져간다면 그 결과는 책임지지 못한다.

이토록 끌리는 영화

복원된 피렌체의 기억 속에서

냉정과 열정 사이
(Between Calm And Passion, 2001)

감성적인 영화만을 찾아다닐 때가 있었다. 가슴을 두드리는 따스한 이야기가 화면을 가득 채워, 마치 내 영혼마저 깨끗하게 씻기는 듯한 그런 느낌의 작품 말이다. 그 당시 내게는, 비어 있는 마음 한구석을 따뜻하게 채워 줄 그런 색깔의 이야기를 영화 속에서 찾고자 했던 것 같다. 어느 날 친구가 소개해 준 한 영화는 그리운 감정을 넘어 어느덧 그리움에 익숙해진 남녀의 사랑 이야기를 담고 있었다. 떠나고 싶어도 떠날 수 없는, 잊고 싶어도 잊히지 않는 그런 느낌이랄까.

영화 〈냉정과 열정 사이〉(2001)는 아마 그 누구에게도 '그리움'이 어떤 것인지, '기다림'에 어떤 정의를 내릴 수 있는지를 솔직하게 이야기하는 작품이지 않을까 싶다. 나카에 이사무 감독은 화면의 역동성을 그려내면서도 그 안에 순간의 멈칫거림을 아름다운 표현으로 묘하게 잡아낼 줄 아는 신비한 능력을 가졌다. '유화 복원사' 과정을 수련 중인 준세이(다케노우치 유타카 분)와 헤어진 옛 연인 아오이(진혜림 분)의 생활은 매우 정적이고 안정적인 모습이다. 하지만 그와 동시에 두 사람의 모습은 어딘지 모르게 한구석이 비어 있는 허전함을 감출 수 없다.

두 사람은 열정적으로 사랑했지만, 시간이 흘러 이제는 서로에게 냉정한 모습이다. 하지만 그들의 그런 '냉정'과 '열정' 사이에는 여전히 서로에 대한 그리움의 흔적을 찾아볼 수 있다. 영화는 요시마타 료의 부드럽고 감미로운 선율의 음악들과 함께 그 둘이 그리움의 흔적을 하나씩 찾아 지워나가는 과정을 그려낸다. 〈1997 spring〉이 흐르는 장소는 이탈리아 피렌체의 한 골목이다. 두 사람의 극적 만남이 이뤄진 영화의 아찔함이 화면에 흘러내린 바로 그 순간이다. 준세이가 자전거를 타고 이동하다가 자전거의 체인이 빠져 가던 길을 멈추고 자전거를 손보는 그 장면 말이다. 이와 동시에 친구의 결혼식에 참석한 아오이가 우연히 멀리서 그를 알아본다. 갑자기 등장한 준세이의 모습에 흔들리는 그녀의 눈빛. 1997년 봄의 하루는 두 사람에게 그렇게 바람처럼 스쳐 지나간다. 피렌체는 이탈리아 토스카나 주의 주도이다. 아르노 강을 끼고 있으며 르네상스 시대의 이탈리아 건축과 예술을 대부분 주도한 도시라고 해도 과언이 아니다. 1982년 유네스코 세계문화유산에 지정되었다고 한다.

영화를 여러 번 찾아볼 때마다, 피렌체의 두오모(도시를 대표하는 성당)에 꼭 한번 올라가고 싶다는 생각을 했다. 정식 명칭이 '산타마리아 델 피오레 대성당'으로 불리는 '피렌체 대성당'은 '꽃의 성모마리아'라는 의미와 더불어, 르네상스의 탄생지 '피렌체'를 가장 대표하는 작품이기도 하다. 필리포 브루넬레스키가 설계한 이 성당은

이토록 끌리는 영화

영화 배경의 한 축을 차지하는 거대한 돔이 있어, 도시를 가장 잘 감상할 수 있는 '미켈란젤로 광장'에서 유난히 눈에 띄는 건물이 되기도 한다. 이곳은 과거 준세이와 아오이가 만남을 약속한 장소로 영화에서 강한 인상을 남겼다. 두오모를 담아내는 아름다운 카메라 워킹은 그야말로 덤이다. 준세이가 피렌체를 내려다보던 이 주황색 돔과 그가 아오이와 마주했던 광장은 영화를 통틀어 피렌체를 가장 잘 피렌체답게 표현하는 인상 깊은 장면이 아닐 수 없다. 서로 사랑을 갈구하던 남녀가 결국 서로에게 맞닿게 되는 그 순간을 제대로 수식해 주는 도시가 가장 '이탈리아'다운 도시, 피렌체가 아닐까?

영화 〈냉정과 열정 사이〉는 두 남녀 작가 '츠지 히토나리'와 '에쿠니 가오리'가 2년간 합작해 만든 소설을 영화화한 작품이다. 같은 제목의 한 작품을, 한 사람은 '남자'의 시선으로, 또 다른 한 사람은 '여자'의 시선으로 담아냈다. 두 사람은 실제 연애하는 마음을 글로 담아 서로 다른 생각과 입장의 남녀 시선을 대변했다. 그래서인지 평범하고 일상적인, 하지만 가슴 울리는 애절한 연인의 심정이 화면에서 관객에게 고스란히 전해진다. '피렌체는 과거를 살고 있다.'라는 멘트가 유독 귓가를 스친다. 훼손된 명화를 복원하는 일을 하는 주인공 준세이도 눈에 띈다. 과거에서 쉽게 벗어나지 못하며 서로에게 냉정해진 그들의 훼손된 열정을 어렵게 복원하고자 했던 감독의 연출이 아니었을까. 준세이가 일하는 교습소는 이러한 의미를 담아내는 대표적인 장소이다. 한때는 어둡고 습한 구석으로 준세이의 마음을 표현하면서도, 다른 측면에서 피렌체의 어두운 과거, 이제는 명화로서 대표되는 이탈리아의 옛 추억을 간접적으로 담아내고 있다고 하겠다.

두 사람이 함께 앉아 거리의 공연을 듣는 그 장면, 여기서 준세이는 이미 깨닫고 있었던 듯하다. 아름다운 선율을 귓가에 흘리는 그 순간도 영원하지 않고, 현재의 마음 또한 역동적으로 변화하듯 두 사람의 현재, 그리고 미래까지도 그저 흘러가는 세월의 한 조각에 불과하다는 사실 말이다. 감독은 준세이의 스승인 조반나(발레리아 카발리아 분)의 죽음을 통해, 문화로 대변되는 명화는 아무리 복원하고 새로운 생명을 불어넣어도 결국 과거를 그 모습 그대로 되살릴 수 없음을 간접적으로 주장한다. 그래서 사랑은 다분히 현실적이다. 마치 피렌체가 탄생시킨 다양한 문화가 반드시 아름다운 미래를 보장하지 않는다는 사실처럼. 준세이가 일본으로 돌아갔을 때 그는 비로소 단순하고도 명료한 사실을 깨닫는다. 그가 찾고 있는 곳은 '현재'가 아닌 '과거'라는 사실을. 똑같은 과거로 돌아가지 못할지라도 이를 받아들여야 한다는 사실을. 마치 현대인들이 복원된 명화로 과거를 기억하려 하듯이, 그들의 사랑 또한 노력으로 복원해 과거를 기반으로 미래를 만들어야 한다는 사실을 말이다. 그들을 가득 채운 '냉정'과 '열정' 사이, 바로 그곳에서.

이토록 끌리는 영화

옳고 그름이 아닌 삶 그 자체

여인의 향기
(Scent of a Woman, 1992)

    영화를 우리 삶에 빗대어 보면 과연 삶과 영화가 어떤 연관성을 가지느냐에 관한 물음이 심심찮게 들려온다. 그럴 때마다 개인적으로 영화가 우리 사람들을 주제로 많고 다양한 이야기를 꺼내기 때문이라고 답하게 된다. 가만히 보면 영화는 장르에 구분 없이, 사람들을 직시하고 그 삶을 들여다보며 다양한 메시지를 던진다. 이를 위해 연출자는 다양한 연출 방법, 시각적 혹은 청각적 요소를 가진 장치를 여럿 이용하기도 하고, 여기에 자신의 메시지를 구색에 맞춰 알맞게 담아내기도 한다. 이야기를 만든 이는 자신이 말하고자 하는 바가 있을 것이고, 연출자는 이를 어떻게 색칠할지 또 어떤 수식어를 사용해 표현할지 함께 고민하게 된다. 이 과정에서 영화는 꽤 재밌는 담론의 여지를 생성한다. 사람들은 영화를 보며 여러 요소에 대해 갑론을박을 논하게 되는데, '맞다 틀리다.', '옳다 그르다.', 혹은 '재미있다 재미없다.' 등이 바로 그것이다. 물론 영화라는 매체만 그런 것은 아니겠지만 그런데도 이는 마치 영화의 숙명처럼 느껴질 정도다. 영화가 유난히 이러한 논쟁의 중심에 놓여 있다면, 한 번쯤 '왜 그럴까?'에 대한 궁금증도 더할 수 있겠다. 영화가 삶을 닮아가는 모양새를 취하기도 하고, 한편으로 SF나 공포물처럼 현실과 거리가 먼 것이 될 수 있음을 생각한다면, 그리고 이모든 게 인간의 상상으로 창조되고 있음을 고려한다면, 사람들의공감대를 쉽게 얻을 수 있다는 장점이 있어서가 아닐까. 이 점이 바로 영화가 쏟아내는 이야기가 우리 삶에 직간접적으로 미치는 그'이유'를 제대로 증명하고 있지 않나 싶다.

삶을 논하는 '이유'를 좀 더 고민하자면 문득 한 작품이 떠오른다. 마틴 브레스트 감독의 1992년 작 〈여인의 향기〉. 이 영화는 우리삶이 던지는 무거운 질문에 친절한 해답을 제시하는 작품이었다. 굳이 '왜' 제목을 '여인의 향기'라고 지었을까. 퇴역 장교 슬레이드(알 파치노 분)가 바로 여성에게 제법 집착을 보이는 인물이기 때문일테다. 앞을 보지 못하는 그는 영화 속에서 다양한 집착을 보이는데, 이러한 집착은 화면의 곳곳에서 다양한 감각으로 표현되고는 한다. 이것은 촉각을 이용한 가벼운 터치가 될 수도 있고, 때로는 시각적청각적인 부분을 넘어서는 후각의 진한 내음을 자극하기도 한다. 그는 앞을 보지 못하는 시각장애인이지만 태어났을 때부터 그랬던것은 아니었다. 멀쩡한 눈을 갖고 평소 자신의 주장을 쉽게 굽히지않던 강직한 성품의 인물이, 어느 날 우연한 사고가 일어나 시력을잃게 된 것이다. 다시 말해, 그는 자신이 가지고 있던 것을 잃어버렸고, 즉 과거를 끌어낼 수 있는 유일한 게 바로 여성이 풍기는 '향기'가 아니었을까. 이렇게 정리하고 보면, 이는 새로운 것과는 좀 다른부분이 된다. 그는 처음 만나는 여성일지라도 후각으로 얻는 향기로

이토록 끌리는 영화

자신이 잃어버린 과거를 되찾을 수 있다는 점에서 말이다. 영화는 그를 항상 과거에 빠져 살아가는 인물로 묘사한다. 화려했던 과거를 지녔지만, 지금은 그것을 가질 수 없기에 그는 자신의 미래도 희망이 없다는 생각으로 삶을 마무리하고자 시도한다. 결국 정리하자면 영화의 제목이 뜻하는 의미는 바로 '향수'(nostalgia)가 아닐까.

한 번쯤, 죽음을 생각해 보지 않은 사람이 있을까. 죽음을 두려워하지 않은 사람이 있을까. 심신이 지쳐 힘들 때 누구나 한 번 생각하게 되지만, 누구도 쉽게 이를 행할 수는 없다. 그런데 이 영화는 언제 어디에서건 죽음을 생각하고 죽음을 향해 달려가며 죽음을 이용하려 든다. 슬레이드가 호텔에서 총을 이용해 자살을 시도할 때 찰리(크리스 오도넬 분)는 이를 사전에 파악하고 그를 저지하려고 나선다. 그는 끝까지 슬레이드를 포기하지 않으며 자신도 어차피 미래가 보이지 않으니 그와 함께 죽겠다고 맞서는데, 여기서 '총'이라는 기제는 찰리의 내면 변화를 간접적으로 안내해 주는 좋은 사례처럼 보인다. 총은 방아쇠를 당기면 즉사하는 도구인데, 사느냐 죽느냐가 극명하게 나뉘는 이 상황이 찰리가 부닥쳐 있는 사건과 연결되어 그의 심리를 날카롭게 꿰뚫고 튀어나오고 있어서다. 그는 학교에서 우연한 사고를 목격하며 자칫 퇴학당할 위기에 빠져 있다. 그러면서도 친구를 믿으며 자신의 운명을 쉽게 개척하지 못하는 심적 고통 속에 허우적대는 인물이다. 반면 슬레이드는 행동의 결단이 분명하다. 삶의 끝자락에 서 있는 그의 내면은 이미 윤리적인 부분을 넘어섰다. 살아온 과거가 자신을 거울에 비추듯 찰리에게도 그를 죽이고 자신도 죽을 수 있다고 서슴없이 이야기하기도 한다. 이 상반된 두 캐릭터를 한데 모은 것은 영화의 장점이 아닐까 싶다. 두 사람이 섞여, 서로 맞지 않는 성격과 행동들이 어떤 방향으로 '합'(合)을 맞춰 가느냐가 영화의 주된 내러티브로 이어진다는 점에서 말이다.

사실 나는 한 번도 제대로 누군가와 춤을 춰 본 적이 없다. 영화나 방송에서 누군가 춤을 추는 모습을 보게 되면, 나 자신이 몸치에 가까운 것도, 그리고 살면서 춤을 춰 볼 기회를 만들지 못한 것이 아쉬워서 스스로를 쉽게 질책하게 되고는 했다. 영화는 그 아쉬움을 끌어안게 할 '탱고'뿐만 아니라, 그 라인마저도 우아한 스포츠카 '페라리'를 등장시킨다. 여기서 두 기제는 나름의 의미가 있다. 호텔에서 우연히 마주친 '도나'라는 이름의 아가씨. 탱고를 좋아하고 배우고 싶었지만, 남자친구의 만류로 탱고를 배우지 못했다는 그녀에게, 슬레이드는 자신이 가르쳐 줄 테니 우선 함께 시도해 보자고 제안한다. 결국 두 사람은 무대로 나가게 되고, 아무도 춤추지 않는 그곳에서 아름답고 화려한 음악에 맞춰 훌륭한 무대를 만들어 낸다. 수많은 이들이 두 사람의 무대를 쳐다보지만, 시력을 잃은 슬레이드는 남들의 시선을 전혀 신경 쓰지 않고, 자신이 원하는 방식대로 행동하고 춤을 춘다. 여기서 찰리가 이야기한 그가 살아야 할 '이유' 하나가 등장한다. 그가 바로 탱고를 잘 춘다는 사실이다. 여기에 두 번째 기제는 더욱 눈에 띈다. 누구나 원할 법한 바로 그 명품 스포츠카 '페라리'가 그것이다. 그렇게나 몰고 싶었던 스포

이토록 끌리는 영화

츠카였지만 앞이 보이지 않아 시도조차 하지 못했던 페라리를 슬레이드는 달콤한 유희로 대여하고 만다. 여기에 찰리가 그에게 운전대를 내어 준 것도 재미있는 부분이다. 페라리가 어떻게 되든지, 죽음의 기운도 두려워하지 않은 채 슬레이드는 자신이 원하는 방향으로 차를 이끌기 때문이다. 이게 그가 살아야 할 또 다른 이유가 되는 것은 전혀 이상하지 않다. 페라리를 그 누구보다 아주 멋지게 운전한다는 그것 말이다. 물론, 이 두 가지 기제가 자리를 박차면서 그는 여전히 자신의 미래에 대해 회의 가득한 생각을 버리지 못하지만, 그런데도 영화 속 이 두 가지 기제는 내게도 너무나 강렬한 아쉬움과 부러움을 불러 모으는 묘한 기운을 선사했다.

영화는 항상 사람들 사이에서 논쟁의 중심으로 서성인다. 여기서 논쟁은 대상과 행동, 사건의 방향을 결정하는 중요 핵심이다. 자신의 삶을 자기가 원하는 대로 이끄는 힘이자 자격이라는 논리다. 이는 모두가 가지고 있고 모두가 해낼 수 있다. 우리는 누구나 삶을 두려워한다. 가진 것도 없고 배운 것도 없고 능력도 없고, 살면서 부딪히는 것도 많다. 슬레이드가 도나에게 건넨 그 말, "스텝이 엉키는 걸 두려워하지 마세요. 스텝이 엉키면 그게 바로 탱고니까요." 라고 했던 한마디가 아주 뜨겁게 다가오는 것처럼 말이다. 살면서 실패와 좌절에 부딪히는 것, 그 자체도 인생이고 그 자체가 삶을 만든다. 어떤 삶을 살아가든 간에 내가 만드는 삶, 그 자체가 중요하다. 영화는 우리가 살아가야 할 이유를 찾는 과정을 계속해서 강조한다. 우리 삶은 언제나 살아야 할 이유를 '성공'에서 찾고 있다. 마치 만들다 만 것을 미완성으로 단정 지으며 부정적인 시선으로 이야기하는 것처럼. 하지만 실패한 것도 인생이고 만들다 만 것도 인생이다. 높고 낮고 크고 작은 비교의 중심에서, 그 어떤 것으로도 삶을 비교하는 것은 불가능하다. 거기에 어떤 자격이란 있을 수 없기 때문이다. 어떤 환경에서도 우리는 하나의 삶으로서 살아야 할 이유가 있고, 이를 찾아가는 게 바로 우리의 삶이다. 영화는 계속해서 말한다. 여기에는 옳고 그름이 아닌 삶 그 자체만이 존재한다고.

작은 이야기, 커다란 힘

록키
(Rocky, 1976)

작은 이야기가 오히려 커다란 힘을 만드는 작품이 있다. 영화 〈식스 센스〉(The Sixth Sense, 1999)가 두 주인공의 작은 이야기를 담아낸 것에 비해 무겁고 강한 이미지를 보여주었던 것처럼 말이다. 물론, 반전에 많은 힘을 실어 관객에게 강한 인상을 남겼던 이유도 있지만, 지금은 그보다 서사가 주는 강렬함과 그 힘을 이야기하고 싶은 마음이다. 아마도 영화의 제목을 듣는 순간, '아!' 하는 탄식과 함께 그 궁금증이 쉽게 풀리지 않을까. 비록 이제는 꽤 오래 묵은 영화가 됐지만, 개인적으로 인생의 교본처럼 여기는 작품, 〈록키〉 (1976)가 바로 그렇다. 작고 보잘것없는 나약함이 커다란 힘과 권력을 이겨온 이야기는 오랜 영화 역사상 많은 이야기들을 만들어 냈다. 그중에서 영화 〈록키〉는 서민으로 대표되는 관객의 감정을 가장 잘 이해하고 북돋운 작품이라고 생각한다. 존 G.아빌드센이 연출을 맡고, 주연인 실베스타 스탤론이 직접 각본을 쓴 이 영화는 개인의 내적 성장을 집중해서 조명하며 삶의 밑바닥을 가장 가까이에서 들여다본 인간 승리의 표본이다.

영화는 1970년대 미국 필라델피아가 배경이다. 가진 것 없이 오로지 몸으로 모든 것을 때워야 했던 하층민들의 힘겨운 삶을 잘 담아냈다는 이유로, 영화는 계속해서 후속작을 탄생시키며 하나의 이념적 문화를 생성했고, 관객의 마음속에 진한 흔적을 남겼다. 영화가 말하고자 하는 이야기는 그야말로 약자의 삶이다. 강자가 날뛰는 사회 속에서 약자가 어떻게 살아남아야 하는지를 여러 요소로 보여주고 있다. 내기 복싱으로 푼돈을 벌며 간간이 하루를 이어가는 작은 복서 록키(실베스타 스탤론 분)는 사는 것 자체가 주어진 삶을 그저 이어가는 것일 뿐이고, 그 외에는 어떠한 계획도 원대한 설계도 없다. 하루가 그의 인생 같고, 하루가 전부인 그에게 어느 날 헤비급 챔피언 아폴로(칼 웨더스 분)와 경기할 기회가 찾아온다. 그는 자신의 모든 것을 걸고 시합에 임한다. 자신이 할 수 있는 최선의 방식으로 훈련하고, 드디어 결전의 순간을 맞이한다. 영화는 간결하고도 깔끔한 이야기에 그만이 표현할 수 있는 도전 과정을 냉철한 눈초리로 평가했다. 그리고 뜨거운 가슴의 울림으로 이를 살려냈다. 이 때문에, 화면 속 록키는 역경을 견디고 이겨내며 고군분투하는 서민의 '아메리칸 드림' 그 자체로 묘사된다.

배우 실베스타 스탤론이 각본과 더불어 직접 연기한 주인공 '록키'는 보통의 영화 속 주인공들처럼 완벽한 인물이 아니다. 부유하지도 않고 머리가 명석하지도 않으며 그리 착한 것도 아니다. 평범한 삶을 꿈꾸는 그에게 어느 날 사랑하는 여자인 아드리안(탈리아 샤이어 분)이 나타나고, 그는 그녀와 함께하는 행복을 꿈꾸며 삶의 가

　　　📽 이토록 끌리는 영화

치를 조금씩 깨닫게 된다. 영화가 묘사하는 그의 캐릭터는 이러한 모습을 보여줌으로 완벽하지는 않지만, 관객들에게 자연스레 응원과 지지를 받을 수밖에 없는 그런 색깔을 갖추게 된다. 이는 영화 속 시대 배경인 필라델피아 노동 계층에 대한 현실적인 묘사가 더해지고 있기 때문이기도 하다. 척박한 삶을 개척하는 의지와 고난을 이겨나가는 정신 등이 바로 그것이다. 본능에 충실한 삶을 무채색 배경으로 끄집어내고 있는 이 작품은 우리가 살아가는 삶을 현실적으로 정의하고, 그 속에서 우리가 어떤 삶을 살아가야 할지 그 과정과 방향을 제시한다. 여기서 록키가 아드리안과 공유하는 사랑의 감정은 서사 그 자체에 조금씩 스며들어 그를 담아내는 거친 이야기를 부드럽게 만드는 좋은 감미료가 되기도 한다.

덕분에 관객들은 그에 대한 감정을 좀 더 탄력적으로 받아들일 수 있게 되고, 그를 평가하는 시선을 관심과 지지로 변화하게 만든다. 영화에서 큰 임팩트(impact)를 제공하는 OST가 적재적소에 사용되고 있는데, 이는 록키의 심장 박동과 함께 제법 영화의 장면들에 장단을 맞출 줄 안다. 관객이 링 위에서 함께 호흡하는 느낌이게 할 정도로 차갑고도 뜨거운 격렬한 링 위의 긴장이 그 자체로 영화의 서사를 끈질기게 이끌며 영화 속 긴장감을 팽팽하게 당겨 준다. 이렇게 적절히 조절되는 공기의 흐름과 박자는 록키의 내면을 최대한으로 표현하는 알맞은 도구가 되는 것처럼 보인다. 여기서 OST 'Going the distance'와 더불어 링 위에서 마지막 회를 넘기는 공이 울릴 때의 그 장면은 하나의 역사가 된 듯하다. 그것은 바로 록키라는 인물이 불굴의 의지이자, 필라델피아로 상징되는 생산직 서민들의 영웅이고, 그들이 지향해야 할 삶의 방향이기 때문이다.

영화는 이러한 그들을 대표하는 캐릭터로 적절한 환경과 연출, 묘사 등을 한곳에 모으며 제대로 된 서사를 만들어 냈다. '록키'라는 캐릭터의 매력은 물론이고, 고난과 역경을 이겨내는 그 삶의 처절한 과정이 최근 유행의 흐름을 만드는 마블 영웅 못지않게 희망으로 비치게 하는 부분이 아닌가 싶다. 결국, 눈에 보이는 승리가 목적이 아닌, 그 과정에서의 마음이 좀 더 중요한 방향을 제시하고 있다는 것이다. 이는 영화를 바라보는 관객의 시선을 자기 것으로 만들게 돕는 부분이기도 하다. 영화는 마지막 화면에서 낮은 구도를 비춘다. 카메라 바깥에서 모든 것을 읽어내고자 한 게 아닌, 카메라 그 자체를 낮춰서 사람들의 삶을 전반적으로 훑어내고자 한 목적처럼 보인다. 시선이 낮아진 이유, 영화 〈록키〉는 이것 하나만으로도 사람들의 마음 깊숙한 곳에서 격렬하게 요동치며 그 이유를 분명하게 제시할 줄 아는 영화이다.

■ 이토록 끌리는 영화

시선을 감춰버린 그 곳

신세계로부터
(From the New World, 2023)

눈에 보이는 것을 믿지 못하는 것은 어렵다. 또 귀에 들리는 것을 의심하는 것 또한 생각하기 어렵다. 손으로 만져지는 것도 이와 마찬가지이다. 분명 눈과 귀, 손으로 느낄 수 있다면 그것은 존재하는 것이니까 말이다. 바로 우리가 가진 감각으로 이를 확인할 수 있기 때문이다. 그런데도 사람들은 언제 어디에서든 존재의 유무를 확인하려 한다. 자신만의 감각으로 새로운 존재, 혹은 확인되지 않은 것을 몇 번이고 확인하고자 애쓴다. 여기서 옳고 그른 것은 부차적인 문제일 뿐이다. 그저 자신이 가진 생각과 감각으로 이를 확인하고 믿으면 그만이기 때문이다. 보이는 것을 '보이지 않는다.' 말하고, 들리는 것을 '들리지 않는다.' 말하고, 만져지는 것을 '만질 수 없다.'라고 강요하는 것. 바로 너와 나, 자아와 자아 사이에서 벌어지는 차이가 아닐까. 그게 바로 '거리'이고, 그게 바로 '믿음'을 재차 확인하는 이유가 된다.

영화 〈신세계로부터〉(2023)는 우리가 쉽게 믿음의 심판대에 올려놓는 '종교'를 주제로 한 작품이다. 지금껏 작품 대부분이 주류 종교를 대상으로 그 관점에서 역사와 인간, 문화 등을 해석하려 노력했다면, 이 작품은 좀 다른 접근을 시도한다. 오히려 그들이 배척하는 사이비 종교, 여기서 이렇게 불러도 될지 모르겠지만 좀 더 구체적으로 말하자면 소외된 종교와 그 종교를 바라보는 사람들의 차가운 시선을 다룬다. 당연히 선입견이 덧씌워질 수밖에 없고, 영화의 시작부터 마지막까지 사람들의 시선을 어떻게 거두어들일지에 대한 궁금증이 클라이맥스를 치닫는다.

무거운 주제를 불안정하게 가져가는 구조치고는 배우들의 호흡이 꽤 안정적인 것은 영화의 장점이다. 화신교 화주인 신택(김재록 분)을 모시며 살아가는 탈북자 명선(정하담 분)은 죽은 아들의 부활을 철석같이 믿으며 신택을 전적으로 신뢰한다. 그들이 모시는 화신님은 열심히 기도하며 열 명의 기도가 한 곳에 모이는 순간 죽은 자의 부활을 확답했기 때문이다. 날이 가까워질수록 함께 기도할 사람들을 모으는 것은 명선에게 참으로 어려운 일이다. 죽은 자의 부활은 종교계에서 좀처럼 용납되기 어려운 사실이었고, 심지어 예수의 부활을 믿는 다수의 사람들마저도 명선의 말을 귀담아듣지 않는다. 그런 이들을 이해하지 못하는 명선은 자신의 믿음이 흔들리지 않도록 노력하는데, 자꾸만 그녀의 일을 방해하는 사람들의 괴롭힘에 그녀도 흔들리는 순간을 마주할 수밖에 없다.

영화는 이야기를 더할수록 관객의 마음을 날카롭게 꿰뚫는다. 대부분의 사람이 믿는 것과 믿지 않는 것 사이의 간극이 그리 넓지 않다는 사실을 너무나도 잘 알고 있기 때문이다. 대다수 종교가 믿음을 전제로 한다면, 인간은 언제든지 눈과 귀 등 자신만의 감각을 통해서 마음을 옮겨갈 수 있는 대상이니까 말이다. 과연 화신의 존재가 현실이 될 것인가, 혹은 사람들의 시선대로 사이비 종교의 해프닝으로 끝나고 말 것인가. 영화는 특별한 특수효과 하나 없이 관객의 마음을 올렸다 내렸다 요동치게 만들 줄 안다. 그렇다면 영화가 말하는 반전은 물론, 주제의 수용과 이해는 어디서 찾을 수 있으며, 이야기의 마무리를 어떻게 매듭지을 수 있을까.

이 때문에 영화는 마지막 장면에서 명선의 시선을 감쪽같이 거두어 버린다. 시선을 내려놓고 나서야 눈에 보이는 그녀의 아들 목소리는 우리가 실로 어떤 생각과 태도를 보여야 우리가 원하는 믿음을 가질 수 있는지에 관한 결과를 내어줄 줄 안다. 물론, 이러한 결론이 명확하게 옳은지 아닌지에 관한 판단은 잠시 유보되어도 좋겠다. 영화가 주장하는 새로운 부분이 우리에게 무게 있는 담론을 던지고 있다고 보아도 무방하기 때문이다. 다시 말해, 그것은 바로 눈과 귀, 손으로 확인되지 않는 것에 대한 믿음의 문제를 놓고, 이를 '다수'와 '소수'의 문제로 확장해 나간다는 점에 있다. 확인되지 않는 부분에 믿음을 가지는 것은 결코 쉬운 일이 아니다. 이를 사람들은 다수와 소수의 문제로 나누어 마치 정답을 결부시켜 버린다. 많은 이가 믿으면 그게 정답이 되고, 소수가 바른 소리를 해도 귀를 닫고 보지도 듣지도 않으려 하는 사회 문제의 현실. 이 때문에 탈북자인 명선의 목소리가 채 멀리까지 가닿지 않는 현실이 화면에서 우리에게 뼈아프게 다가온다.

결국, 명선의 바람대로 아들의 부활이 올바르게 이루어졌는지는 알 길이 없다. 그녀가 바랐던 아들의 부활이 어떤 형태로 이루어지는 것인지 우리가 모두 이해할 수 없어서다. 그보다 그녀의 내면에서 아들의 목소리를 반가이 여겼다면 그것으로 족하다. 의식의 바깥에서 신택과 명선을 차가운 눈초리로 바라보며 결과만을 확인하려 했던 동네 주민들의 눈에는, 그런데도 여전히 이들을 바라보는 냉소를 거두지 않았을 수 있다. 그들은 절대다수의 눈과 귀로 소수를 대하고 있기 때문이다.

이제야, 이 영화가 단순히 종교적인 문제를 주제로 믿음과 불신의 영역만을 언급하고자 한 게 아니라는 것을 알게 된다. 오히려 보이지 않는 힘, 즉 믿음과 불신에 대한 비어버린 권력의 행태가 얼마나 참혹하고 잔인한 것인지를 비판하고 있다고 해도 과언이 아니다. 영화 〈신세계로부터〉는 제목에서 나타나듯, 우리가 알지 못하는 그곳에서 전해지는 메시지로 받아들일 수 있지만, 한편 제목이 뜻하는 '신세계'가 구체화되지 않았음에 좀 더 다른 의미를 더할 수 있을 것으로 기대된다. 우리가 바라는 이상적인 세계는 신의 존재 유무를 넘어, 우리 내면의 시선이 어떤 방향으로 흐르고 있는지에 더욱 주목하고 있기 때문이다. 그것이 인간이 모여 사는 이유이고, 사회가 존재하는 이유가 아닐까. 우리가 모여 살아가는 그 곳, 그 곳이 바로 신세계다.

이토록 끌리는 영화

기억과 자아를 둘러싼 또 다른 성장

마녀
(The Witch: Part1. The Subversion, 2018)

오래전 모 방송사의 인기 예능 프로그램 중 〈테마게임〉이라는 제목의 프로그램이 있었다. 당시 최고의 인기 가도를 달린 여러 코미디언이 출연해, 매주 하나의 테마(theme)를 정하고 삶의 희로애락을 드라마 형식에 맞춰 맛깔나게 풀어내고는 했다. 이게 가볍게 볼 수 있으면서도 그냥 지나치기에 절대 가볍지 않은 이야기를 다루었는데, 당시에는 그 재미에 절로 빠져들었던 것 같다. 떠오르는 여러 일화 중 하나는 이런 것이다. 글을 쓰는 젊은 남녀가 있는데, 한 명은 시작만큼은 기가 막힌 이야기를 만들지만 마무리를 쉽게 짓지 못하는 단점을 가졌고, 또 다른 한 명은 마무리는 아주 깔끔하게 매듭짓지만, 글의 서두를 제대로 꺼내지 못한다는 것이었다. 두 사람은 우연히 서로를 알게 되고 각자의 장단점을 이해하게 되면서 서로의 단점을 장점으로 보완하고자 노력하는 그런 내용이다. 그런데 이론적으로만 따지자면 서로의 장단점이 부합되니 아주 멋진 글이 나올 것만 같은데, 과연 결과가 그러했을까. 두 남녀는 작품의 완성도를 높이기 위해 자주 만남을 이어갔고, 여기에 상대에 대한 감정이 싹트게 되면서 그 감정의 바이오스(BIOS)가 결과물에도 점차

109

영향을 미치게 된다. 여하튼, 모든 게 이상적으로 흐르지만 않고 현실은 이론과는 확실히 다른 결과를 나타냈던 것으로 기억에 남아 있다.

뜬금없지만, 잠시 '기억'의 공유에 관한 이야기를 해볼까 한다. 앞에서 말한 이야기처럼 같은 시간과 같은 공간을 공유하고 있음에도, 많은 이는 다른 시간과 다른 공간을 제각기 기억 속에 담는다. 시간이 흘러 이를 추억으로 마주할 때 우리는 너무나 다른 이야기를 하게 되고, 그래서 "그랬던가?", 혹은 "그랬어?"를 자연스레 입 밖으로 내뱉기도 한다. '기억'이란 개인의 뇌 속 어딘가에 자기만의 영역을 외롭도록 철저하게 구축하고 있는 게 아닐까 싶을 정도다. 영화 〈마녀〉(2018)에서 박훈정 감독이 이야기하고 싶었던 것은, 감독 특유의 액션누아르 구축만이 아닐 것이다. 오히려 그 안에 독특한 키워드 몇 개를 끼워 넣은 사실을 눈여겨 볼 수 있는데, 이에 대해 한 번쯤 생각해 볼 필요가 있지 않나 하는 생각이 든다.

첫 번째로 이야기할 수 있는 것은, 바로 '기억'이다. 인간의 뇌를 이용해 생체 실험하고, 다양한 능력을 갖춘 여러 명의 괴물을 탄생 시켰으니, 영화를 만든 입장과 보는 견해에서도 이는 꽤 흥미진진한 소재가 될 수 있다. 화면 속에 자주 등장하는 '뇌'를 바라보는 시선은, 단지 이들이 '뇌'를 조종하고 통제하고 다스리는 것에 그치지 않는다. 이와 반대로 그들로서는 어떤 기억을 담아내고 있느냐에 더 진한 내음이 있는 것처럼 보이니까 말이다. 어쩌면 영화 〈뉴 뮤턴트〉

이토록 끌리는 영화

(The New Mutants, 2020)에서처럼 육체적으로도, 그리고 정신적으로도 자신의 능력과 감정에 갇힌 이들의 자아에 집중했더라면, 깊이 있는 이야기를 풍성하게 끄집어낼 작품을 만들지 않았을까. 하지만 꼭 그렇지 않더라도 영화 〈마녀〉는 내면의 그것을 읽어 낼 여러 장면을 제시하고 있다. 여기서 두 번째 키워드인 '선택'을 이야기할 수 있다. 분명 자윤(김다미 분)을 만들고 키운 사람은 닥터 백(조민수 분)인데, 어느 장면에서 그녀의 아빠인 구 선생(최정우 분)이 "우린 널 그렇게 키우지 않았어."라고 말하는 부분 말이다. 이는 후반부에서 드러나는 내러티브의 메시지에 커다란 힘을 실어 주는 대사로 남는다. 이쯤 되면, 도대체 누가 누구를 선택하고 키웠는지에 대한 의문이 생길 수밖에 없다.

자윤은 어린 나이에도 불구하고 철저하게 계획을 세우고 구 선생 부부를 찾아 이들을 선택했다. 이렇듯 자신을 키워 줄 부부를 직접 선택하고, 자신의 삶을 선택했고, 자신의 미래를 선택했다. 그리고 닥터 백은 자신이 만든 괴물을 자신이 키웠다고 말하며, 그녀에게 다시 한번 회유를 시도한다. 물론 구 선생 또한 애지중지 어렵게 키워 낸 자윤을 따뜻한 사랑으로 대한 게 사실이다. 그렇다면 도대체 누가 누구를 선택하고 누가 누구를 키워 낸 것일까. 이조차 서로의 기억이 만든 추상적인 차이라고 말한다면, 어쩌면 질문에 대한 답이 어느 정도 채워질 테다. 마지막 키워드는 '자아'이다. 영화 속 그녀의 자아는 온전히 드러난 게 아니었다. 영화의 제목이 표현하는 '마녀' 라는 단어조차 그녀의 자아를 완벽하게 끄집어낸 것으로 볼 수는 없다. 이는 영화 속에서 하나의 반전, 그러니까 닥터 백이 아닌 자윤 스스로가 자신의 삶을 개척하기 위해 노력해 왔음을 드러내는 또 다른 의미의 표현으로 사용됐다. 닥터 백이 내뱉는 '영악하다.'는 말이 딱 어울리는 묘사가 바로 '마녀'가 아니고 무엇이었을까. 그런데도 그녀의 자아는 여전히 그녀가 만들고 구성한 자신의 환경에 머물러 있다. 양아버지인 구 선생과 엄마(오미희 분), 그리고 친구인 명희(고민시 분)에게 남아 있는 작은 감정이 그녀를 완벽하게 '마녀'로 만들지 못했다는 증거다. 그러니까 그녀는 영화 속에서 완벽하게 자신의 자아를 찾아내지 못하는 모습을 비춘다. 스스로 자신의 불완전함을 벗어나 새 삶을 찾고자 하는 몸부림을 치지만 그것은 그 시기에 누구나 겪게 되는 하나의 방황에 불과한 게 아니었을까.

그렇게 이 세 가지 키워드를 받아들이고 나면, 그녀를 둘러싼 모든 환경과 구성, 관계 등이 이가 맞물리듯 딱 들어맞게 이해된다. 누구에게나 공감을 끌어내는 기억의 한 장면이 있기 마련이다. 어릴 적, 나는 회전식 손잡이를 가진 텔레비전을 시청하며, 또 칙칙 소리를 내는 조그마한 라디오에 귀 기울이며 그곳에서 흘러나오던 가요 한 곡을 선택해 작은 테이프 하나에 녹음하고자 노력하곤 했다. 휴지를 찢어 카세트테이프의 모서리 네모난 구멍에 마구 쑤셔 넣고는 녹음 버튼을 누르는 재미를 가득 누렸던 그 기억이 떠오른다. 이 기억을, 아니 이 추억의 한 자락을 누군가는 함께 경험하며 공감하고 또 사랑하고 있을 것이다. 어쩌면 옛 음악을 들을 때마다 그때 그 시절을 그리워하고 있을지도 모를 일이다. 그때 들었던 그

음악, 휴지를 작게 찢어 넣던 그 행위가 지금의 내 모습을 만들고 나를 구성하는 자아를 형성했다고 보아도 무방하다. 그 시절의 내가 세차게 흔들리는 '마녀'였다면, 시간이 흐른 후 지금의 거울 속 내 모습은 또 어떤 모습을 갖춰 나가고 있는 것일까. 기억과 선택, 그리고 자아에 둘러싸인 또 다른 성장은 어떤 삶의 형태를 만들어 가고 있는 것일까.

언제나 빗속에 신이 있다

브이 포 벤데타
(V For Vendetta, 2005)

영화가 솔직하다는 것은 쉬운 영화와는 다른 의미가 있다. '쉽다'는 것은 영화의 메시지를 받아들이고 내용을 이해하기에 편하다는 것을 뜻하지만, '솔직하다'는 것은 영화의 메시지를 마주하고 바라보기가 편한 것을 말한다. 즉, 메시지를 담아내는 이야기와 이의 표현이 부합되어 보는 이에게 거부감이 없어야 한다는 이야기이다. 거부감 없이 편안한 방향으로 이를 바라보는 것은 화면이 드러내는 묘한 상징성을 형성한다. 여기서 말하는 '상징'은 어떤 면에서는 연출이 의도한 바가 될 수도 있고, 한편으로는 화면 속 의미를 읽어내는 과정에서 의도치 않게 변화하기도 한다. 그 경계를 관객이 스스로 읽어낼 수 있다면 영화는 분명 이야기를 솔직하게 풀어내고 있다고 말할 수 있을 것 같다.

미국의 전위음악가 존 케이지가 작곡한 〈4분 33초〉라는 연주곡은 그 선율의 강약으로 인해 관객 개개인에게 미치는 영향이 가히 엄청나다. 관객들은 그의 음악을 가장 완벽한 위치와 장소에서 받아들이게 되는데, 그 여운이 생각보다 오랫동안 남을 수밖에 없다. 연주자는 피아노 앞에 앉아 한동안 아무것도 하지 않은 채 가만히

이토록 끌리는 영화

앉아 있을 뿐이기 때문이다. 그때 관객들은 당황해서 웅성거리기 시작한다. 그 웅성거리는 소음, 그게 바로 이 음악이 관객에게 전하는 선율이 된다. 존 케이지는 이러한 소음도 음악이 될 수 있다는 자신의 철학을 이 곡에 담아냈다. 사실상 아무것도 없는, 악보도 없고 악기도 없는 소리가 나지 않는 음악이지만, 우리 삶의 음악적 색깔을 가장 잘 담아내고 있는 음악이 아닐까 싶다.

잠시 주제를 전환해 보자. 가면은 곧 익명이다. 공공의 목소리에 익명을 내세운다는 것은 어찌 보면 비겁한 뒷면의 씁쓸함이 될 수도 있겠다. 공공의 주장을 펼치는 것은 분명 흥미롭고 올바른 일이지만, 결국 익명의 그늘과 보호 속에 숨어서 자신의 안위와 안정을 담보로 하기에, 대중의 동조를 얻기가 쉽지 않다. 옳은 소리를 내는 데 뒷받침해 주지 못한다는 점에서 말이다. 그런데도 브이(휴고 위빙 분)가 많은 이들에게 자신과 똑같은 가면을 나누어 준 것은 조금 다르게 받아들여야 할 문제다. 개성 강한 제각각의 다른 가면으로 하나의 목소리를 낸다면, 주장에 대한 근거와 힘보다 다양성을 좀 더 드러내는 방향으로 받아들일 수 있지만, 똑같은 가면을 나누어 준다는 것은 결국 하나의 주장이 가진 힘을 좀 더 키우는 측면이 더 강하기 때문이다. 결국 영화 속에서 이 가면은 하나의 동질성 강한 집단의식의 표출이며 동시에, 대중이 하나의 방향과 의견으로 모이고 있는 규모의 논리를 뒷받침하는 부분이 된다. 어떤 의견이냐 아니냐 혹은 개성의 표출이냐 아니냐를 묻고 따지는 게 아니라, 거대 정부의 독재와 횡포에 대한 대중들의 분노를 하나의 색깔로 모아 규모와 방향의 해석에 힘을 싣고 있다는 측면에서 말이다. 현실적인 정치적 행태로 살펴본다면, 강한 측면에서는 촛불시위와 같은 무력의 목소리로, 다른 측면에서는 선거권의 드러남, 즉 투표의 행위적 의미로 받아들여질 수도 있을 것이다.

　브이는 대중의 의식을 깨우기 위해 일종의 선동, 긍정적인 해석으로 자기 목소리의 색깔을 만드는 시간을 구한다. 그가 정해 놓은 1년이라는 시간은, 일종의 잃어버린 과거에 대한 반성이다. 이는 대중들의 의식과 행위가 상반된 변화를 겪으며 화면에 고스란히 표출되는 부분이다. TV를 보는 이들의 반응이 처음에는 아무렇지 않게 정부의 친절한 안내에 수용적인 자세를 취하다가도, 점차 시간이 흐르면서 어떠한 정치적 선전도 믿지 않게 되기 때문이다. 결과적으로 이들은 공포정치를 이용해 대중을 압박하고 그 대중을 한데 모아 우매한 목소리의 침묵을 이끄는 것처럼 보였지만, 결과적으로 그 침묵은 눈에 보이지 않는 분노를 담아내고 있음이 영화의 후반부에서 잘 드러난다. 대표적 캐릭터가 핀치(스티븐 레아 분)로서, 브이의 뒤를 캐고 브이의 문제점과 방식을 자신만의 스타일로 해석하고자 하지만, 시간이 흐르며 점점 그에게 동화하고 있음을 영화가 잘 나타내고 있다는 점에서다. 영화의 중간중간에 계속해서 강조되는 라크힐 수용소에서 있었던 인체 실험은 과거의 아픔과 잘못에 대한 반성의 장면이 아닐까 싶다. 서정적인 측면에서 이는 잃어버린 과거에 대한 슬픔을 표현하는 의미를 담아낸다. 이러한 해석은 이비(나탈리 포트만 분)의 위치와 역할로 잘 나타나는데, 브이의 의도에 따라 그녀가 교도소 안에 갇혀 이비 전에 수감 되었던 발레리의 편지로 힘을 얻는 장면이 이를 잘 표현하고 있다고 하겠다. 바깥세상은 거짓이 판치고 있고, 이 같은 사회에서 교도소라는 공간은 오히려 '정직'을 강조하는 중요한 공간이 된다. 그녀의 편지는 이를 되새기는 좋은 의미가 되고, 그녀는 이로써 갇힌 공간이 주는 의미를 다시 한번 찾게 된다. 결국 바깥세상은 자유롭게 움직일 수 있는 공간으로 표현될지언정, 실제로는 정신적으로 이미 갇혀 있는 교도소와 다를 바 없다는 이야기이다.

영화를 보고 있노라면, "모든 행위엔 그에 수반하는 반작용이 따른다."라는 대사가 흘러나온다. 아마도 영화 〈브이 포 벤데타〉(2005)가 나타내는 대중의 분노를 가장 적절히 표현한 대사일 것이다. 굳이 한 마디를 더하자면, 우리가 살아가는 이 사회는 각각의 구성원이 모인 객체의 관점에서 움직이며 유기적인 활동으로 균형을 이루고자 노력하지만, 사회가 자유로울수록 전혀 예측하지 못한 불균형 속에서 작용할 수밖에 없다는 이야기이다. 결국 영화는 마지막 장면에서 "브이가 누구였냐?"라는 물음에 구체적인 대답을 내놓지 않는다. 물론, 국회의사당이 폭발하는 장면에서 모든 국민이 가면을 벗는 장면을 보여주기는 하지만, 이는 영화의 주된 메시지, 즉 사회를 바꾸고 변화시키는 것은 특정 개개인의 의지와 힘이 아닌, 대중 모두의 힘이 모였을 때 가능하다는, 당연하고도 이상적인 주장에 해당할 뿐이다. 이것만 본다면 이 영화는 앞에서 언급한 것처럼, 결코 '쉬운' 작품은 아니다. 하지만 '솔직한' 작품이라고 할 수 있을

것이다. 영화가 표현하는 상징, 즉 '가면'은 익명을 뒤집어쓴 대중의
분노이자 표출일 테고, 대중의 분노이자 표출은 영화의 마지막 가면
을 벗는 장면에서 해소가 되기 때문이다. 사회는 '균형'을 이상적으
로 여기는 퍼즐게임이 아니다. 자유로운 불균형 속에 하나의 '조화'
를 찾아나서는 것, 그 과정이 곧 사회를 이루고 살아 숨 쉬게 한다.
영화 〈브이 포 벤데타〉는 사회의 정의(destination)를 솔직한 표현으
로 잘 구성한 작품이다. 화면 속에서 비가 내릴 때 그 비는 대중의
분노를 나타내는 눈물이자, 그들의 수고를 격려하는 씻김의 의미
또한 내포한다. 브이, 그가 남긴 말처럼, 언제나 빗속에 신이 있다.

🎬이토록 끌리는 영화

누군가를 바라보는 그 눈빛

황해
(The Yellow Sea, 2010)

유행가 가사에 사랑 이야기가 쉽게 빠질 수 없듯이, 흥행하는 영화 속에는 삶과 죽음의 경계가 자주 등장한다. 현실 속에서 쉽게 마주하기 힘든 살인 사건도 제법 흔하고, 때로는 화려한 액션과 각종 서사가 난무하기도 한다. 그래서 누구나 보기 어려운 상황에 부닥치고 나면, '영화처럼'이라는 단어를 주저 없이 꺼내는 것이다. 그게 액션이든 스릴러든 간에 장르를 막론하고, 그 구성을 자세히 들여다보면 참으로 단순하고도 재미있는 관계를 발견하게 된다. 어쨌든 누군가는 쫓고 쫓기는 관계에 포함되고, 이들은 흘러가는 사건과 무관하게 서로 죽고 죽이는 연결고리를 갖게 된다는 사실이다. 적어도 그 순간만큼은 이유조차 모른 채, 관객은 그저 난무하는 화려한 액션만을 즐기게 될 뿐이다. 영화 〈범죄도시〉(The Outlaws, 2017)를 예로 들면, 마땅히 죽일 만한 이유가 있어 죽는 이는 하나도 없다고 봐도 무방할 것이다. 그냥 마구 죽고 죽이는 가운데, 관객은 도대체 '왜'라는 꼬리표를 떼지도 못하고 그 자체를 즐기게 된다. 흔히 말하는 '킬링 타임'이라는 용어는 말 그대로 '시간 때우기'일 뿐인데, 아마도 이런 식의 해석에서 나온 말이 아닐까 싶다. 이 가운데 이런 스타일의 영화 중 묘하게 그 경계에 서 있는 작품 한 편이 있다. 왜 죽여야 하는지, 왜 죽어야 하는지조차 모르지만, 시작부터 마지막까지 서로 쫓고 쫓으며 그 속에서 독특한 의미를 부여받고 있는 작품, 영화 〈황해〉(2010)는 이런 생각을 하고 보다 보면 그 재미를 찾을 수 있는 영화이다.

구남(하정우 분)의 첫 등장은 그리 자연스러운 게 아니었다. 팍팍한 삶에 찌들어 사는 그는 도박에 빠져 한탕을 노리지만, 언제나 그렇듯 일은 마음대로 흘러가지 않는다. 그는 어서 빨리 빚을 갚고 가정을 일으켜 세워야 할 이유가 있었다. 돈을 벌기 위해 한국으로 떠난 후 연락이 끊어져 버린 아내를 찾아야 했기 때문이다. 모든 게 마음먹은 대로 되지 않은 찰나에 면정학(김윤석 분)이 솔깃한 제안을 던진 것은 그에게 합당한 이유를 제공한다. 정리하면 적어도 이 영화의 초반은 분명 모든 상황이 '이유'를 끌어안고 있는 것을 알 수 있다. 그가 '왜' 이런 상황에 부닥치게 됐고, '왜' 도박에 빠지게 됐으며, '왜' 면정학의 제안을 받아들일 수밖에 없었는지에 대한 타당한 이유 말이다. 하지만 그가 한국으로 건너가 그가 죽여야 할 이를 만나게 되면서, 그의 상황은 일순간 그 '이유'를 잃어버리고 만다. 그가 죽여야 했던 김승현(곽도원 분)은 '왜' 구남이 손을 쓰기도 전에 타인의 손에 죽음을 맞이했으며, 김태원(조성하 분)은 '왜' 구남을 죽여야 하며, 면정학은 '왜' 자신을 배신했는지 등에 대한 것들이 그렇다. 사실 영화가 이야기하고 싶었던 것은, 딱히 소통되지 않거나 원한에 얽힌 복잡한 구성이 아니었다. 그저 불편한 삶을 살아가는 인간들이 복잡한 실타래를 풀고자 그리고 실낱같은 희망을 붙잡기 위해, 단지 한 발자국 정도를 앞으로 내딛는 이야기에 불과했던 것이다.

　　그게 그들에게 그렇게 커다란 의미로 새겨질 줄 알았다면, 또 우리가 모두 그러한 삶을 조금이나마 이해할 수 있었더라면, 이를 받아들이는 우리 자신의 삶이 조금은 변화의 여지를 가질 수 있지 않았을까. 다시 생각하면, 영화 〈황해〉가 풀어내는 이야기는 치정(癡情)이나 오해로 얽힌 여러 인물 사이의 이야기에 지나지 않는다. 이게 보기보다 강한 인상으로 다가오는 것은, 눈앞에서 여러 죽음을 마주하고 극한의 상황이 오가는 가운데에서도 진짜 이 현실을 만들어 낸 누군가를 쉽게 드러내고 있지 않아서다. 서두에서 이야기한 잃어버린 '왜'에 대한 바로 그것 말이다. 관객은 배우들의 열연에 몰입해 액션과 서사가 동시에 던지는 재미를 얻게 되지만, 실상 영화가 말하고 있는 것은, 과연 우리가 무엇을 위해 삶을 지탱하고 살아야 하는지에 대한 더욱 거시적인 질문이라고 보아도 좋겠다. 영화의 제목을 의미하는 '황해'는 한반도와 중국을 끼고 삼면이 둘러싸인 바다를 지칭한다. 눈에 띄는 누런 빛은 중국에서 유입되는 탁한 강물 때문이다. 황해는 여러 이유에서 모호한 경계를 타고난 곳이다. 한반도를 기준으로 동해나 남해와 비교해 수심이 얕고 조수간만의 차가 크다. 여기에 작은 섬과 암초가 많아 큰 배들이 드나들기에도 애매하다. 황색 자체가 이런 경계를 끼고 있음을 생각하면, 아마도 영화의 배경이 되는 연변 지역을 거주지로 한 '조선족'을 들이민 것은 이와도 결부되는 부분이라 할 수 있을 것이다. 영화가 '조선족'이라는 애매한 위

치의 정체성과 함께, 삶의 목적과 이유에 대해 깊이 있는 고찰을 시
도하는 것도 그렇다. 중국은 물론 한국 내에서 조선족에 대한 문화적
관용성 부족 문제는 그 정체성에 대한 진지한 질문을 던지고 있는
부분이다. 이러한 '조선족'을 바라보는 영화의 시선은 결국 앞에서
언급한 '왜'라는 이유와도 연결되는데, 구남이 오도 가도 하지 못하
는 처지에 빠져버린 것, 그리고 주어진 상황이 계속해서 실타래를
풀지 못하는 것도 관객에게 던져진 질문, 즉 '조선족'이라는 역사적
정체성을 해석하고자 하는 목적을 담고 있는 것이라 하겠다. 그게
그들 사이에 놓인 '황해'를 제목으로 끌고 온 이유일 테고 말이다.

영화가 개봉한 이후에 구남이 식당에서 김을 먹는 장면이 여러
곳에서 다양하게 오마주(hommage) 됐다. 단지 먹성 좋은 주인공의
캐릭터를 표현하는 장면만으로 보기에는, 이 장면이 전하는 인상은
무척 깊다. 서해는 김 양식에 최적의 환경이다. 어쩌면 이는 자연의
특징을 이용한 독특한 표현일 수도 있고, 땅과 바다 사이의 경계에
서 거칠게 자라는 '김'의 특징을 '조선족'의 그것과 연결한 것일 수도
있다. 이렇게 본다면, 영화는 처음부터 줄곧 경계에 놓인 이들의 삶
과 현실에 대한 목소리를 강하게 주장하고 있었다고 해석된다. 이는
단지 어려운 현실을 드러내고 호소하는 게 아닌, 그 색의 정체성,
즉 역사적 배경을 통한 스스로에 대한 해석을 요구하고 나선 것이라
할 수 있겠다. 또한 어느 한쪽으로 기울어진 수긍과 수용이 아닌,
하나의 제대로 된 '정의'를 필요로 하는 것으로 해석되기도 하고 말
이다. 그게 바로 '왜'라는 한마디로 표현되는 그것일 테다. 영화는

이토록 끌리는 영화

마지막까지 그 이유에 대한 서사를 쉽게 풀어내지는 않는다. 하지만 관객에 대한 최소한의 예의는 갖추는 듯, 구남이 오랫동안 찾아 헤맨 그 이유에 대한 작은 단서만큼은 꺼내 놓은 모습이다. 지금까지 꽁꽁 싸맨 '왜'를 바라보는 갈구를 고려한다면, 좀 더 친절한 해석을 원한다면 그건 과욕일까. 여기에 구남의 아내로 추정되는 시신을 표현하는 장면조차도 누런빛의 그림자에 갇혀 있었다면 그나마 적당한 이유가 될는지 모르겠다. 김승현의 죽음을 시작으로 김태원과 면정학, 그리고 구남의 죽음에 이르기까지, 모든 게 너무나 구태의연하게 쓰러져 감을 반복했다면, 그것은 지금까지의 재미와 보는 이의 의욕을 반감시키는 것과도 같다. 그러니까 삶과 죽음의 무거운 경계를 너무나 무시하는 것이고, 황해를 배경으로 한 조선족의 정체성과 역사, 그 자체를 너무나 어둡게 풀이하는 것과도 같다. 물론 이는 비뚤어진 역사와 인식을 제대로 뒤집어 보고자 한 나홍진 감독의 숨은 의도일 수도 있겠다.

영화가 그리는 마지막은 구남의 아내가 짐을 바리바리 싸 들고 돌아오는 기차에서 내리는 장면이다. 죽은 줄로만 알았던 그녀가 돌아오는 장면은 어쩌면 현실일 수도, 혹은 구남의 기억 속에서 바랐던 모습이 화면에 재구성되어 투영된 것일 수도 있다. 하지만 이미 지나버린 현실은 애써 다시 돌아오지는 않는다. 우리가 좇아야 할 것은 지나버린 과거가 아닌, 지금 다시 시작되고 있는 현재와 미래다. 숙제가 주어진 시점은 바로 지금이고, 이제 더는 미뤄서도 늦춰서도 안 될 것은 분명하다.

뜨거운 피를 온몸으로
끌어안고 사는 중이니까!

뜨거운 피(Hot Blooded, 2022)

폭력은 거칠다. 그리고 겪으면 겪을수록 외롭다. 거친 길을 홀로 걷기에 주위를 둘러볼 여유조차 없을 정도다. 그렇게 오랫동안 홀로 걷다 보면, 때로 높은 굴곡과 마주하게 된다. 그것은 마음속에 높이 쌓인 꽉 누르고 있는 무게와도 같다. 한곳에 머무르지 못한 채 계속해서 불안한 삶을 지탱하는 그 느낌, 그리고 항상 어딘가에 이끌린 삶을 억지스럽게 살게 되는 그 두려움처럼 말이다. 사람들은 삶을 두고 언제나 이야기를 끄집어낸다. 책에서도 영화에서도 음악을 통해서도 그렇다. 매번 똑같은 이야기처럼 다가오지만 그렇지 않음이 그저 신기할 따름이다. 다양한 인생이 서로 맞부딪힐 때 새로운 이야기가 만들어지게 된다. 어쩌면 부닥치고 깨지며 불꽃 튀는 폭력의 형상이 사람들의 눈길을 잡아끄는 데는 그만의 이유가 있는지도 모른다. 그것은 마치 가리고 싶어도, 감추고 싶어도 그러지 못하고, 날 것의 모습을 그대로 드러낸 채 모든 것을 하루살이처럼 살아가야만 하는 운명처럼 느껴진다. 그것만큼 더 치열한 삶이 또 있을까.

가만 생각해 보면, 폭력의 세계는 그런 것 같다. 눈에서 떨어지는 비굴함은 평생의 상처로 남고, 그 안에 남아 있기에는 거친 세계를

이토록 끌리는 영화

감당하지 못하는 것 말이다. 소심한 게 아니라 소극적인 것이고, 겁쟁이가 아니라 살짝 두려웠던 것이라고 해 두자. 본인의 부끄러움은 둘째치고 아니 이것을 부끄러워해야 하는지도 잘 모르겠지만, 어찌됐건 그 거친 삶 속에도 나름의 애환이 존재한다. 이것은 분명 인정해야 한다. 우리가 잘 아는 노랫말에도 잘 나타나 있지 않은가. 비겁하다 욕하지 마, 더러운 뒷골목을 헤매고 다녀도….

영화만큼 그 애환에 눈길을 가두는 매체도 드물다. 많은 이가 그렇듯 그 매력에 빠져 참 지독하게도 들여다보고 또 좋아하기까지 하니까. 언제나 같은 내용, 비슷한 구성일지라도 작품의 높낮이는 분명 다르다. 누아르 어쩌고 장르가 어쩌고 하는 것은 꾸미기에 달린 것 아닐까. 박훈정 감독의 영화 〈신세계〉(New World, 2013)가 다른 작품과 다른 아주 특별한 삶을 다뤄서 지금껏 곳곳에서 회자되고 있는 것은 아닐 것 같다. 아마도 각각의 인물이 뿜어낸 개성과 탄탄한 서사의 영역, 그리고 다 알고 있을 법한 뻔한 이야기이지만 이를 얼마나 감칠맛 나게 표현했느냐의 연출. 이 삼박자가 조화를 이루고 있기 때문일 것이다. 그렇게 생각해 보면 영화 〈뜨거운 피〉(2022)는 이런 세밀한 조화를 하나하나 찾아내기에는 다소 무리가 있다. 인물의 개성이 특별히 눈에 들어오지도 않고, 쏟아내는 이야기는 그저 이권 다툼에 지쳐버린 주인공이 그 세계에서 벗어나고 싶어도 쉽게 빠져나오지 못하는 것을 보게 되는 한국 조폭 영화 특유의 퀴퀴한 냄새에 지나지 않기 때문이다. 여기에 제법 심심한 연출도 무시하지 못한다. 그런데도 이 영화 〈뜨거운 피〉는 시선을 살짝만 돌려보면,

의외로 여느 영화와는 다른 묘한 구석을 찾을 수 있다. 희수(정우 분)에게만 기대고자 하는 그 서사의 가운데에는 그의 시선으로 읽어내는 여러 인물의 메아리가 존재하기 때문이다. 여러 인물의 시선으로 주인공인 희수의 삶을 해석하는 게 아니라, 오직 희수의 시선과 동선만으로 오히려 주변 인물의 삶을 엮어내고 있다는 사실이 이 영화만의 재미난 설정으로 다가온다.

손영감(김갑수 분)의 선택이 구암 지역의 안정을 이끌고, 용강(최무성 분)의 선택이 구암에 변화를 일으키는 결정적인 한 방을 부르기도 한다. 철진(지승현 분)의 선택은 언제나 그렇듯 잔잔하지만 한편 묵직하게 다가오는 무게감이 느껴진다. 그들은 모두 선과 악의 경계에서 자신의 내면을 쉽게 드러내지 않는다. 하지만 그 가운데에서도 존재감을 절대 지우지 않는 모습은 마치 그 세계에서 살아남는 데 필요한 게 무엇인지를 누구보다 잘 이해하고 이를 받아들이고 있는 것이 아닐까. 다시 희수 이야기로 돌아가 보자. 희수는 처음 발을 디딘 구암에서의 삶에 이미 지쳐버렸다. 이 세계는 치열하게 한 방을 가져가지 못하고 종국에는 그 피곤함에 지치기 마련이다. 인숙(윤지혜 분)과 아미(이홍내 분)의 존재가 그의 삶을 집요하게 파고들기에, 아마도 그는 이를 온전히 끌어안고 싶어 했던 것으로 보인다. 그런데도 이 두 사람은 그의 시선을 확연하게 잡아끌지 못한다. 오히려 희수가 마지막 한 방을 노리고 자신의 선택과 행동에 당위성을 부여할 때는 개인적인 감정보다 그를 둘러싼 주변 인물의 움직임이 큰 역할을 한다. 본의 아니게 누군가가 이끄는 이 구역의 삶이라는

이토록 끌리는 영화

것은, 지극히 주체적이지만 어쩔 수 없이 원치 않는 방향으로 흘러간다는 사실을 감독은 명확하게 제시하고 나선다. 그게 폭력으로 얼룩진 삶의 표면적인 얼굴이고, 희수에게도 그 기운이 시커멓게 드리우고 있다는 사실 말이다. 결국 영화 〈뜨거운 피〉는 희수의 시선으로 가득 채운 어두운 음영의 그림자를 건너편에서 살며시 꺼내 보는 작품이라는 생각이다.

주인공 희수는 거칠고 메마른 땅을 홀로 내딛는 인물이지만, 남들처럼 높은 곳만을 바라보며 살아가는 인물은 분명히 아니었다. 그는 오히려 주변을 맴돌며 눈치를 살피는 피동적인 삶을 끌어안고 살기에 바쁘다. 그런 그가 삶의 급반전을 기획한 것은, 불안한 삶을 지탱해 온 과거의 모든 것을 부정하고 싶어서였다. 결국 그의 삶도 오롯이 하루하루를 버티고 있는 삶이었던 것이다. 영화가 '뜨거운 피'라는 주제를 내세운 것도 이와 같은 맥락이다. 어두운 곳에서 어렵게 삶을 지향하고 자신을 밝은 곳으로 이끌고자 하는 의지를 담아내고 있다는 것이다. 얼핏 암투 사이에서 지켜야 할 약속과 의리 등으로 덧칠해 버릴 수 있는 이 '뜨거운 피'는 사실 알고 보면 희수 혼자만을 스포트라이트하는 게 아닌, 이러한 삶을 채색하고 있는 인물 모두에게 해당하고 어울리는 제목이 아닐 수 없다. 거친 삶을 반드시 부정적인 시선으로만 바라볼 필요는 없으니 말이다. 그 길에서 내가 제대로 다듬어질 수 있다면 그 과정을 받아들이는 것도, 때로는 내 삶에 어울리는 시간이 될 것 같다. 한국 영화가 유독 사랑하는 이 장르의 영역에서, 영화 〈뜨거운 피〉는 특별한 매력을 지닌 요소를 거의 내세우지 않고도 정의와 우정, 의리 등이 아닌 삶을 지탱하는 피의 무게, 이는 어쩌면 속박에서 벗어난 자유가 될 수도, 혹은 가족과 같은 울타리가 될 수도 있는 그 무게로 인해 자신의 존재감을 드러내는 데 성공한 편이라는 생각이다.

영화 속 아슬아슬하게 이어진 삶을 향한 그 시선은, 눈에 잘 띄지 않지만 적어도 그 열기만큼은 우리 삶 속 어딘가를 통해 계속해서 화려한 불꽃을 드러내고 있지 않을까. 우리는 모두 지금, 각자의 삶의 기운을 느끼고 지탱하며 그 뜨거운 피를 온몸으로 끌어안고 살아가는 중이니까 말이다.

3부_ 가을

진한 하루의 흔적, 에스프레소

『우리는 우리가 만든 세상이라고 생각하는 모든 것들을 아주 당연하게 여기고 있지만, 알고 보면 이는 풋풋한 흙내음을 거부하고 있던 우리의 어리석은 시선이었고, 그게 바로 엄마의 삶과 이야기를 받아들이지 못했던 딸의 어린 치기가 아니었을까 싶다. 결국은 이 모든 것을 외면할 수 없고 온전히 받아들이게 되면서도 말이다.』

봄 여름 가을 겨울

리틀 포레스트
(Little Forest, 2018)

세상에는 수많은 틀이 있다. 그 틀 속에서 우왕좌왕하는 움직임이 때로는 실소를 머금고 사람을 움직이게 만든다. 그것은 어쩌면 생동감이 될 수도 있고, 때로는 그게 좌절의 맛으로 여겨지기도 한다. 사는 것은 절대 비약적일 수 없다. 있는 그대로의 모습이 자연의 그것에 고스란히 녹아 있으니 말이다. 우리 삶도 자연의 일부분이다. 틀이란 것은 알고 보면 이처럼 자연이 준 영역과도 같다. 거칠지만 부드럽고 그래서 친근하다. 하지만 여기에 순응하며 살아간다는 것은 또 다른 어려운 문제이다. 그것을 알기에 삶이 존중받아야 마땅하고 또 위대하다고 말을 남길 수 있는 것이다.

원작을 가진 이야기를 우리 방식대로 만들 때, 하나의 지켜야 할 기준이 제시되는데 그게 바로 '틀'이다. 이 틀은 절대 놓쳐서는 안 될 뼈대이자 이야기의 핵심 구조로 작용한다. 어떤 면에서는 재미를 주는 영화적 요소로서 커다란 영역을 아우르기까지 한다. 그래서 리메이크는 단순한 따라하기가 아닌 또 하나의 생명을 움트게 하는 것이다. 마치 하나의 익숙한 선율이 편곡되어 또 다른 귓가를 움켜쥐듯이 말이다.

임순례 감독이 이야기하고자 했던 것은 바로 그런 것이었다. 대표작 〈와이키키 브라더스〉(Waikiki Brothers, 2001)에서 말했던 삶의 치열한 틀의 무게. 그 무게는 무겁지만, 절대 무겁지 않고 가장 자연스럽게 받아들일 수 있는 것이었다. 힘들고 고된 것이어도 그 모든 게 내 삶이고 그 모든 게 내 이야기이어서였다. 영화 〈리틀 포레스트〉(2018)는 심심한 맛의 작은 시골집 밥상을 잔뜩 늘어놓고자 꺼낸 이야기가 아니다. 오히려 진한 국물맛이 시원하게 느껴질 정도로 단짠단짠의 조미료 맛이 곳곳에서 우러난다. 물론, 이것은 인공적인 조미료가 아니라 자연에서 다가오는 것이겠다. 그래서 화면을 가득 채운 여러 음식의 향연에 단맛과 쓴맛, 짠맛과 신맛이 골고루 배어 나오는 것이다. 혜원(김태리 분)은 처음, 며칠의 추운 겨울을 보내고자 고향을 다시 찾았지만 그 뒤는 전혀 다른 모습이었다. 그녀는 배가 고팠고 그녀의 배를 채워 준 것은 그 달콤하고도 짭짤하며 시큼하면서도 씁쓸한 고향의 맛이었다. 결국 고향의 맛이 그녀의 한구석에 여전히 자리하고 있던 것이었다.

그녀가 버텨내는 홀로 살기의 중심에는 언제나 이런 과거에서 나오는 깊은 맛을 찾아볼 수 있다. 영화 속에 등장하는 모든 재료가 단순히 금세 맛볼 수 있는 그런 쉬운 것들이 하나도 없어서다. 분명 도심 속 어딘가에서 누구나 쉽게 사 먹을 수 있는 음식이지만, 적어도 그 재료만큼은 추운 겨울과 강한 비바람을 거쳐 탄생하는 것이었다. 거기에 재료를 대하고 손질하는 손길과 과정, 그 인고와 인내의 과정을 거칠 때, 마치 김을 무럭무럭 뿜어내는 것처럼 우정이

🎬 이토록 끌리는 영화

깊어지고 막걸리가 발효되는 시간과 노력처럼 엄마에 대한 원망이 누그러진다. 혜원과 엄마는 두 사람이 간직한 과거의 틀에서 그 관계를 끌어오는데, 이는 화면 속에서 결국 삶이 성숙한 시간으로 펼쳐진다. 영화가 이야기하는 '숲'의 의미는 자기 자신의 '영역'에 대한 이야기이고, 이는 나만의 이야기를 펼칠 수 있는 공간을 배려하는 모습이라 하겠다. 마지막에 이르러 '작은' 수식어를 하나 덧붙이는 것도 아마 그래서이지 싶다. 이제 막 시작되는 그녀의 행보는 어찌 보면 작아서 더 인상 깊고 더욱 기대가 크다.

재하(류준열 분)가 은숙(진기주 분)에게 혜원이 아마도 '아주 심기'를 하고 있을지 모른다고 이야기하는 모습이 바로 이 때문이 아니었을까. 쉽게 뿌리내릴 수 있도록 이전의 틀을 벗어나는 것, 그게 그녀에게는 나름 쉽지 않은 숙제로 남았고 그것은 비단 계속해서 실패해 온 임용고시뿐만 아니라, 엄마가 그녀에게 남기고 간 흔적이기도 했다. 그녀는 이를 의식적으로 거부하고 있었고, 그 감정이 자신의 삶을 옭매는 것 또한 오랫동안 거부하고 있었다. 그런데도 그녀는 이 영화에서 가장 중요한 대사 '배가 고파서'라는 말로써 자신의 삶에 대한 새로운 방향을 찾고자 한다. 그동안 거부해 왔던 것들에 대한 치밀한 반성이자 잃어버린 과거를 되찾고자 하는 의식적인 행동이라는 이야기다. 어쩌면 이는 영화가 음식을 통해 꺼내는 삶의 치열한 단면이 될 수도 있겠다. 달고 짜고 쓰며 시큼한, 그리고 잊지 못할 매운맛에 요동치는 혀의 놀림은, 우리가 세상을 살아가며 부닥치는 것들에 대한 자연스러운 반응일테다. 그 찬란한 부딪힘에, 앞에서 말한 삶의 영역이 존재하고 그 틀 또한 자리하고 있는 게 아닐까.

　이처럼 영화 〈리틀 포레스트〉는 작지만, 절대 작지 않은 이야기를 과감하게 드러낼 줄 안다. 단지 화면에서 표출되는 오색찬란한 음식들의 향연이 전부가 아닌, 자연이 주는 그리고 그 속에서 사람들이 살아가는 그 치열한 내음이 우리 삶을 오롯이 끌어안고 있다는 사실을 깨닫게 해준다. 우리는 우리가 만든 세상이라고 생각하는 모든 것들을 아주 당연하게 여기고 있지만, 알고 보면 이는 풋풋한 흙내음을 거부하고 있던 우리의 어리석은 시선이었고, 그게 바로 엄마의 삶과 이야기를 받아들이지 못했던 딸의 어린 치기가 아니었을까 싶다. 결국은 이 모든 것을 외면할 수 없고 온전히 받아들이게 되면서도 말이다. 삶이 주는 틀과 영역은 노력으로 형성되는 게 아닌 자연스러운 성장의 과정을 거치며 이루어지게 된다. 혜원은 결국 그 과정을 있는 그대로 받아들이는 것을 선택했고, 재하가 이야기한 '아주 심기'의 그것 또한 그런 그녀의 마음을 동반하고 있는 모습이 아닐까. 마지막 장면에서 비친 열린 문의 의미는 개방보다 완성된 틀로 바라보면 어떨까 한다. 그녀는 이미 봄 여름 가을 겨울의 과정을 거쳤고, 한 해의 노력을 수확할 자격을 얻었으니 말이다.

그 속에서 놀던 때가 그립습니다

변산
(Sunset in My Hometown, 2018)

누구에게나 고향이 있다. 물론 그 고향은 내게도 있다. 힘겹고 지칠 때 언제든 돌아갈 수 있는 엄마 품처럼, 그곳은 따뜻한 그리움을 내포한다. 고향은 단지 멀리 떨어져 있어 고향으로서 가치를 지니는 것은 아니다. 그곳에는 외로움과 그리움이 커질 때 언제나 자신을 반겨줄 것 같은 포근함이 존재한다. 부산에서 태어나 부산에서 유년 시절을 보냈던 나는 내 고향인 부산을 아주 많이 사랑해 왔다. 고향을 떠나 살아가는 지금, 부산을 그리워하는 막연한 향수만을 이야기하고 싶지는 않다. 오히려 부산은 내가 성장한 환경으로 내게 가족과 친구, 그리고 그들과 함께한 추억이 남아 있기에, 그 의미가 남다르다. 그러니까 앞에서 언급한 외로움과 그리움에 굳이 한 단어를 보태자면, 그것은 바로 '추억'이라고 할 수 있다.

고향을 떠나 살게 된 것은, 고향 부산이 싫어서가 아니라 꿈과 목표를 향해 좀 더 성장하고자 했던 갈망 때문이었던 것 같다. 이렇게 말하고 보니, 모든 게 지방을 떠나 서울로 향하게 만들어진 우리나라의 구조적 현실에 대해 아쉬움이 크다. 서울공화국이라고 부를 정도로 모든 게 한 곳으로 몰리고 한 곳에서 막혀버린 정치적, 경제적, 사회적, 문화적 병목현상은 언제든 사고가 나도 이상하지 않을 정도의 비정상적 구조가 아니고 무엇일까. 나 또한 서울을 거쳐 살아가고 있지만, 이를 해결하지 않으면 언젠가 이 나라에서 무슨 일이 벌어질지 모른다는 나름의 걱정스러운 생각을 해보게 된다. 다시 고향 이야기로 돌아가서, 앞에서도 말했듯이 고향은 언제나 나를 반겨 주는 곳이다. 그곳에는 내 유년의 추억이 채워져 있기에, 누구에게나 다시 찾을 따뜻한 그리움을 품고 있는 듯하다. 그런데, 만약 고향이 지긋지긋한 악몽처럼 여겨진다면, 그 사람으로서는 돌아갈 곳이 사라진 것과 같지 않을까.

영화 〈변산〉(2018)에서 학수(박정민 분)의 마음을 읽을 때, 가슴 한 구석이 진하게 쓰려오는 이유다. 이준익 감독은 차분하고 편안한 화면을 만들면서도 묵직한 기운을 밀어 넣는 독특한 재주를 지녔다. 이를테면, 랩(속내, 울분), 소설(경청, 어루만짐), 친구(추억, 첫사랑), 노을(아버지, 고향) 등으로 표현되는 여러 요소가 바로 그것이다. 이를 미장센이나 메타포와 같은 복잡한 용어로 굳이 수식하지 않더라도, 그의 이야기는 화면 속에서 이처럼 다양한 형태로 그 의미를 담아낸다. 학수에게 랩은 쉽게 꺼내지 못한 자기 속마음이었다. 누구도 이해하거나 들어주지 않는 자신의 목소리를 허공에 뱉어내곤, 스스로 마음을 다질 수 있는 유일한 행동이자 이유였기 때문이다. 학수에게 고향 변산은, 건달로서 가족을 등지고 살아간, 그리고 어머니의 외로운 죽음에도 제 역할을 스스로 포기한 아버지를 대하는

이토록 끌리는 영화

차갑고 냉소적인 시선으로 가득 채워진 곳이었다.

학수는 이 때문에 지긋지긋한 고향 변산을 떠나 서울로 향했고, 외로운 사회에 혼자 던져졌던 그곳에서 삶의 이유를 찾고자 방황을 시작했다. 그 방황을 멈추게 한 것은, 오랜 친구 선미(김고은 분)였다. 아버지의 병환을 계기로 학수를 고향으로 다시 부른 선미는 사실 오래전부터 학수를 좋아해 주고, 곁에 있어 준 고마운 친구였다. 물론, 자신이 아닌 미경(신현빈 분)만을 좋아하던 학수를 원망할 법도 하지만, 오히려 고향을 벗어나려 시도하는 학수를 제자리로 돌려놓고자 노력해 온 인물이기도 하다. 그녀는 학수 아버지(장항선 분)의 진심을 학수에게 전하며 부자 관계를 회복시키고, 친구 용대(고준 분)와 묵은 감정을 해소하며 고향 변산이 가진 내음을 학수에게 다시 전하려 한다. 또한 그녀는 글을 쓰며 학수의 노래에 답을 하기도 한다. 고향을 떠나 홀로 외로운 사투를 벌인 그의 삶을 위로하기도 하고, 힘들고 어려울 때 고향에 돌아오면 그의 과거를 어루만지며 안아주는 고향이 있다는 사실을 속삭여주기도 한다.

학수는 그때마다 그 고통을 억지로 이겨내려 발버둥 치지만, 그가 혼잣말로 여러 번 뱉어낸 것처럼 그 고통은 그녀와 친구들, 아버지와 고향이 있어 상처가 치유되는 모습을 보인다. 학수는 일찌감치 병실에 있던 아버지를 떠나 다시 서울로 돌아가려 했다. 하지만 공교롭게 꼬일 때로 꼬여버린 사건은 그를 계속해서 고향에 머무르게 했고, 그 고향은 그에게 다시금 잊을 수 없는 추억을 안기며 그를 안식처로 불러들인다. 그에게 '고향'은 벗어나고 싶어도 쉽게 벗어날 수 없는 그의 기억 속 평온한 추억이었다. 그가 벗어나고 싶었던 것은, 어릴 적 자신의 과거를 마구 옭매고 있던 비참하고 외로웠던 '시간'이었고, 그 시간은 그가 고통받은 만큼, 스스로 이겨낼 수밖에 없던 것이었다. 학수는 그 사실을 누구보다 잘 알고 있었기에 아버지를 비롯한 모든 이에게 화를 내면서도, 사실 그 화가 자신한테서 발생하는 울화통이었던 것을 온전히 받아들이고 있었다.

어릴 적 즐겨 부르던 동요 '고향의 봄'은 "그 속에서 놀던 때가 그립습니다."라는 가사를 안고 있다. 아마도 이 노래를 부르던 우리는 모두 잘 알고 있었던 것 같다. 고향은 추억이자 과거를 안고 살아간다는 사실 말이다. 실제 태어난 고향이나, 어릴 적 추억을 메워 준 살아온 고향이나, 혹은 내 마음을 채워 준 마음의 고향, 이 모두는 우리의 어릴 적 기억을 동반한다. 그 이유는 이미 지나간 시점의 흐름을 표현하는 게 아닌, 내 삶의 일부분을 채워 준 추억이자 기억으로 남아 있기 때문이었다. 영화의 막바지, 학수와 선미는 과거를 떠올리며 함께 '노을'을 바라본다. 그들에게 그 노을은 어디에서건 흔하게 볼 수 있는 평범한 노을이 아니었다. 오직 그들의 고향, 변산에서만 떠오르는 색깔로 그들이 함께 바라보고 함께 공유할 수 있는 유일한 것이 아니었을까.

학수는 학창 시절, 자신이 쓴 시로 '내 고향은 폐항, 내 고향은 가난해서 보여줄 건 노을밖에 없네.'라고 표현한 바 있다. 시에서

이토록 끌리는 영화

'노을'은 긍정적 의미로 쓰였지만, 전체적인 맥락은 전혀 긍정적이지 못하다. 그런데도 이 문장이 영화의 가장 의미 있는 포인트를 짚어내고 있는 것은, 영화의 제목이기도 한 고향 '변산'에 대한 학수의 모든 생각과 의미를 아주 잘 드러내고 있어서다. 여태껏 고향을 안고 살아가며 아무런 좋은 추억이 없다고 생각하던 그의 가난한 마음을 곧이곧대로 끄집어냈을 뿐만 아니라, 그런데도 그에게 딱 하나 남아 있던 '노을'이 강한 인상으로 그를 고향으로 이끌고 있다는 사실이 그렇다. 그러니까 영화 속 노을은 변산에서만 볼 수 있는 그에게 남은 유일한 추억이자 그를 계속해서 고향으로 이끄는 동력이 된다는 것이다. 영화 〈변산〉은 잔잔한 물결처럼 찰랑이는 움직임과 아름다움을 동시에 가진 작품이다. 역동적인 리듬이 부족해 아쉬움은 있지만, 우리가 모두 추억 속에 간직한 그 포근함이 여전히 남아 있다는 사실을 떠올리게 해준다. 다가오는 계절에는 내 고향 부산을 찾아봐야겠다.

상처를 안고 살아간다는 것

치히로 상
(Call Me Chihiro, 2023)

성장 드라마라고 하면 흔히 쓰이는 공식이 있다. 다양한 형태의 고난을 겪으며 자기 자신이 성장하도록 이끄는 그것이다. 주변 인물과 상황들로 인해 갈등과 방황을 경험하며 그 갈등이 겉으로 드러나지는 않지만 주인공이 자연스레 해소하도록 무형의 형태로 영향을 미치는 경우도 있다. 이러한 공식은 반드시 필연적이지 않지만 공교롭게도 많이 사용되는 방식이기도 하다. 그래서 이와 같은 성장 드라마는 주어진 상황과 환경, 배경이 되는 여러 요소도 중요하지만, 주인공에게 영향을 미치는 '사람들'의 존재와 역할이 매우 중요하다.

영화 〈치히로 상〉(2023)을 보면, 주인공 치히로(아리무라 카스미 분)의 내면이 무척 많은 갈등을 안고 있는 것처럼 보여도, 오히려 주위 사람들의 갈등을 포용하려는 듯한 모습이 보인다. 그녀는 벤또(도시락) 가게에서 일하며 사람들의 시선을 끌어모은다. 바로 그녀의 전직 때문이다. 그녀는 몸을 파는 마사지 가게에서 일한 경력이 있다. 치히로는 그러한 전직을 사람들에게 전혀 숨기지 않았고, 이러한 소문이 퍼져 가게 주인은 물론, 동네 사람들과 어린아이에게조차 놀림을 받는 신세가 됐다.

▟▙ 이토록 끌리는 영화

그런데도 그녀는 이러한 사항을 전혀 개의치 않고 오히려 당당하게 드러내며 자신의 존재를 사람들에게 부각시킨다. 물론 고의적인 의도가 담긴 것은 아니지만, 적어도 '나'를 수식하는 여러 미사여구를 내치지 않고 그대로 받아들임으로써, 자신에 대한 내면의 자존감을 굳게 세우려고 노력하는 편이다. 그런 그녀의 행동에 점차 사람들이 모여들기 시작한다. 부모와 소통의 끈을 쉽게 잇지 못하는 여학생 오카지(토요시마 하나 분)부터, 폐허가 된 건물에서 만화책을 매개로 해서 우연히 마주한 벳찡(나가사와 이츠키 분), 놀이터에서 단순한 장난이 피를 부르는 참사로 연결되어 연을 맺게 된 어린 친구 마코토(시마다 텟타 분), 전 직장에서 연을 맺고 좋은 관계를 이어가는 점장 후츠미(릴리 프랭키 분), 자신을 가게에서 일하게 만드는 계기가 되었던 벤또 가게 주인이자 지금은 병으로 앞을 볼 수 없게 된 타에(후부키 준 분)에 이르기까지. 모두가 그녀를 만나며 자신이 처한 상황과 갈등을 해소하고, 그녀와 함께하며 마음의 안정을 얻으려는 모습이다.

그러니까 영화 속 그녀는 갈등과 위기를 극복하고 한 단계 성장하는 모습을 직접적으로 얻는 게 아닌, 역할을 바꿔 자신이 그러한 해소 단계의 한 매개체로서 주장하고 나서는 특이점을 보인다. 그런데도, 이 영화는 정확히 말하자면 주인공 치히로의 성장 드라마가 맞다는 데에 이견이 없을 것이다. 그 이유는 그녀를 묘사하는 몇몇 중심적인 화면이 그녀의 내면을 치밀하게 파고들기 때문이다. 그 하나로 밥을 먹는 장면을 들 수 있다. 영화는 배경이 되는 벤또 가게에서부터 그렇듯, 계속해서 식사하는 행위의 연속을 보여준다. 치히로는 아이들에게 놀림을 받는 노숙자에게 선뜻 자신의 도시락을 권하고, 이후 계속해서 그의 식사를 챙겨준다. 마코토가 자신을 놀리며 치히로의 팔에 상처를 입히고 난 후에도, 어김없이 그를 벤또 가게로 데려가 식사를 챙겨 준다. 이는 다른 이들에게도 마찬가지다. 자신의 집을 방문한 바질(반 분) 언니에게도 그녀는 맛있는 식사를 권하며 비어 있는 배를 채워 주는 모습을 보인다. 비어 있는 공간을 채워 주는 의미, 그게 바로 영화 속에서 표현되는 그녀의 역할이자 의미를 생성하는 지점이라고 할 수 있다.

또 하나는 시체를 묻는 행위의 연속을 말할 수 있겠다. 두 번에 걸쳐 일어난 죽음의 일들에서 그녀는 잘 보이지 않는 곳에 외롭게 쓰러져 숨을 거둔 노숙자의 시신을 그것도 어두운 밤 한적한 곳에 묻는다. 어김없이 해안가를 지나치다가 죽은 갈매기의 시체를 거두는 것도 그녀의 모습이다. 이처럼 그녀는 밥을 먹이는 행위를 넘어 생을 마감하는 순간까지도 직접 나서서 거들 줄 안다. 화면에 비치는 그녀의 이러한 행위는 이중적인 의미를 지닌다. 첫째는 앞에서도 언급했듯이 영화 속에서 사람들을 중심으로 그들의 삶을 위로하는 그녀의 역할을 조명하는 데 있고, 둘째는 그녀의 모습을 보며 일반적인 우리 모습인 관객의 삶을 직접 대변하는 매개체로 존재한다는 사실이다. 치히로에게 위로받는 많은 이들의 삶이 곧 우리 삶으로 이어진다기보다, 치히로의 삶 또한 조명해 볼 필요를 내세우는 것으로 이해하는 게 좋겠다. 영화는 이처럼 뒤늦게나마 치히로의 시선을 직접적으로 끄집어내기도 한다.

　그녀의 존재가 어떤 의미를 지니는지, 그리고 그녀의 부재가 어떤 의미로 작용하는지, 그녀가 왜 떠나는지에 관한 질문까지도 화면에 함께 녹여내면서 말이다. 그녀는 사람들과 함께 일본 전통 음식인 당고를 만든다. 그리고 한참을 그 자리에 함께하다가, 먼저 자리를 뜬다. 이내 벤토 가게를 그만둔 모습이 나타나고, 그녀는 소를 키우는 축가로 자리를 옮긴 모습이다. 소들에게 여물을 주며 환하게 웃는 그녀의 얼굴이 남다르게 보이는 것은, 감독 이마이즈미 리키야가 남긴 또 하나의 치밀한 수식어가 아닐까. 영화는 그제야 그녀의 상처를 직접 드러내며 어루만지게 된다. 그녀 또한 상처받은 존재였음을, 왜 그녀가 자신의 본명인 '아야'를 사용하지 않고, 자신이 좋아한 사람 '치히로'의 이름을 따라 짓고 사용했음을 간접적으로 드러내면서 말이다. 삶의 굴레 속에 외롭게 혼자 삶을 버텨가며 여러 상처를 받고 살아왔던 그녀였지만, 누구 하나 직접적으로 그녀의 상처를 인지하지 못했다. 그녀는 사람들과 함께하고 사람들에게 영향을 미치며 자신의 상처를 스스로 달래고 있었던 것이었다.

　그러니까 이 영화는 긴 여정의 끝에 다다라서야 성장 드라마의 정석을 닮아가는 표현을 꺼낸다. 결국에는 사람들의 시선이, 손길이, 그리고 배려가 치히로 자신에게까지 닿기를 바란 것이다. 이 영화 〈치히로 상〉은 치히로의 성장 드라마이자, 누구나 치히로가 될 수밖에 없는 우리 삶과도 직결된다는 사실을 알려준다. 여기서 누가 상처를 받고 갈등을 입고 힘들어하는 삶을 살게 되느냐의 주체와 객체의 행위 구분은 필요치 않다. 그 상처를 어떻게 치유하느냐의 문제가 주된 이목을 이끌고, 그 해답을 치히로가 보여주고 있다는 것으로 이해되기 때문이다. 어쩌면 상처의 치유보다 치히로처럼 그대로 온전히 안고 살아가는 것, 거기에 좀 더 나은 혜안이 있을지도 모른다. 과거를 잊고 아픔을 놓고 살아가는 것보다 이를 또렷하게 기억하되, 세상에 당당하게 내보이는 모습이 더 아름답게 느껴지기 때문이다. 영화 〈치히로 상〉은 눈으로는 쉽게 찾아볼 수 없는, 하지만 마음으로 충분히 느낄 수 있는 그런 성장 드라마라는 점이 공감되는 작품이다.

이토록 끌리는 영화

잘 빚은 조각이 아름답게 무너지는 시간

헤어질 결심
(Decision To Leave, 2022)

잘 무너지기 위해서는 우선 잘 쌓아 올려져야 한다. 곱게 쌓아 올린 그것의 위상을 바라보며 탄탄하게 다져진 밑바닥을 만지고 나면, 그 기반이 어느새 든든한 벽이 되고 시선의 높낮이가 달라진 사실을 이해하게 된다. 그러니까 여기서 쌓아 올려진다는 것은, 마치 내려다볼 수 있는 깊이를 느끼는 것과 같다. 그래서 잘 무너지기 위해서는 우선 잘 쌓는 것부터 시작해야 한다. 그리고 무엇보다 무엇을 쌓아야 하는지, 어떻게 쌓아야 하는지, 그리고 왜 무너져야 하는지를 이해하고 받아들일 수 있어야 한다. 무너지는 게 익숙해질 때 비로소 그 행위를 깊이 이해하게 된다. 무너진다는 것은 바로 여기에서 시작해야 할 일이다. 영화 〈헤어질 결심〉(2022)은 흡사 잘 빚어진 조각처럼 곱게 쌓아 올린 하나의 형상이 아름답게 무너지는 그런 모습을 비추는 영화이다. 이는 우리가 흔히 화면에서 느끼게 되는 특별한 메시지를 담아낸 형상과는 좀 다르다. 오히려 그보다 좀 더 심층적이고 체계적이며 한편으로 구체적이면서도 또렷하기까지 하다. 해준(박해일 분)이 보여준 서래(탕웨이 분)를 바라보는 시선 말이다. 아마도 이것은 '사랑'의 감정과는 또 다른 영역에 해당할 것만 같다. 그는 분명 그녀를 두고 구체적으로 '사랑'을 언급하지는 않았다. 하지만 서래가 받아들인 감정은 곱게 쌓아 올려진 그것처럼 내면에서부터 '사랑'을 구체화하는 모습이다. 이 감정은 어디에서 시작됐는지조차 헷갈리게 만든다.

박찬욱 감독은 이런 스타일의 표현과 풀이를 즐긴다. 영화 〈복수는 나의 것〉(Sympathy For Mr. Vengeance, 2002)에서도 선과 악의 경계를 뒤섞어 그 해답을 정의하려는 판단을 흐리게 한 바 있다. 영화 〈올드보이〉(Oldboy, 2003)나 〈친절한 금자씨〉(Sympathy For Lady Vengeance, 2005)에서도 그 해법이 유사하다. 구체적으로 드러난 선과 악의 민낯이 분명한데도 누구 하나 이를 직접적으로 건드리지 못한다. 이 영화 〈헤어질 결심〉도 이러한 과정을 선호한다. 해준이 운전하던 도중 졸음을 쫓지 못하고 사고가 날 뻔한 그 순간도 그렇다. 잠복근무로 인해 잠이 부족한 게 아니라 잠이 안 와서 잠복을 하는 거라는 변명. 이는 해준이 앞으로 겪게 될 사건의 결과가 흐트러지는 것에 대한 복선으로 나타나는 부분이 된다. 죽은 도수(유승목 분)의 사고를 쫓는 대목에서 해준이 산의 정상에 올라섰을 때 죽은 도수의 눈동자, 즉 반대 상황에 놓인 자의 시선으로 자신을 비추는 연출을 맛볼 수 있다. 이조차 사건을 거꾸로 읽게 만드는 아주 재미난 연출이다. 여기에 가수 정훈희의 '안개'는 사건의 초점을 흐리게 만드는 단순한 기제로만 작용하고 있지 않다. 돌려 말하면, 서래 스스로 이 사건에 대한 풀이를 '안개'라는 제목으로 거꾸로 제시하고 있다는 이야기다. 결국 사건을 풀어가는 해준의 입장에서는 역할이 뒤바뀌고 원인과 결과가 바뀐 상황을 대변하고 있는 꼴을 드러내는 부분이 아닐 수 없다. 이 지점이 바로 그를 찾아온 서래의 행동에서 시작하고 있으니 말이다. 오히려 취조를 당하는 것은 서래가 아닌 해준이라는 것이다.

미결로 남은 사건의 사진을 벽에서 우연히 발견한 그녀는 자신과 관련한 흔적을 하나씩 빠르게 지워 나간다. 핸드폰에 남아 있던 녹음파일마저도 서래는 해준에게 접근한 목적을 애초부터 드러내듯 너무나 순수한 손짓으로 서슴없이 그의 곁을 파고들 줄 안다. 거친 손을 만지며 그에게 핸드크림을 발라 주는 두 사람의 손이 함께 교차하는 장면. 그 순간 해준과 달리 서래의 손가락에 눈에 익숙한 반지가 보이지 않는다. 지금껏 관객이 끌고 온 사건의 방향에 대한 단서가 마구 붕괴하는 순간이다. 그리고 이때부터 영화는 이야기의 주제를 담아낸 '마침내'라는 단어를 본격적으로 꺼내기 시작한다. 우리에게 익숙한 '결국엔, 드디어'의 뜻을 가진 이 말은, 종국에 이르러 이해해야 할 것을 이해하게 됐고, 사라져야 할 것을 사라지게 했다는 방향으로 해석을 단정 짓게 만든다. 사건이 머물러야 할 곳, 혹은 이루어져야 할 것이 결국 행해진 것처럼 말이다. 이처럼 새로운 의미가 화면에 형성되는 이 시점은 서래가 가진 미스터리의 결말이 어떤 진실을 담고 있는지를 꽤 구체적으로 묘사하는 단어로 사용된다. 첫 번째 사건의 취조 과정에서 두 사람의 배경에 거울이 적절하게 배치된 것도 그렇다. 대개는 다른 내면을 돌려 구체화하는 하나의 도구로 여겨지는 이것이 여기서는 두 사람의 현재와 미래를 구분하는 경계의 그것으로 나타나고 있기 때문이다.

　서래가 산보다 바다가 좋다고 말할 때 해준이 '나도'라고 짧게 내뱉는 것도 두 사람의 결말을 암시하는 부분일 것이다. 언어로 쉽게 소통하기 어려웠던 둘의 관계가 그 경계를 해체하는 행위로 남게 되는 순간이어서다. 영화는 서래가 한국어를 제대로 구사하지 못하는 순간을 그녀의 웃음으로 관객에게 간접적으로 제시한다. 반복된 그녀의 웃음이 이후에는 독특한 기시감으로 작용해 그 의미의 폭을 확장하는 측면도 있다는 생각이다. 초밥으로 식사하고 양치까지 마무리한 후 다시 취조실로 들어서는 그녀의 손가락에 이전까지 비어 있던 반지가 다시 등장한다. 지금껏 자신이 풀어낸 이야기의 진실과 거짓에 대한 경계를 보이는 부분이 아닐 수 없다. 방향은 한번 정해지면 그 틀을 쉽게 바꾸지 않는다. 서래도 그러했던 거다. 판단이 흐려질 때마다 해준이 눈에 넣는 인공눈물. 건조한 눈에 습기를 채워 주는 이 행위는 어두운 현상을 이해하고 파악하려는 그의 시선을 맑게 만들기 위함이지만, 행위가 반복될수록 '서래'라는 틀에 빠져버리는 자신의 모습을 돌려 표현하는 것과 같다. 이포에서 서래의 두 번째 남편의 시체를 발견했을 때 해준은 다시금 과거로 회귀하고자 하는 모습을 보인다. 어찌 보면 그녀를 만나서 반갑게 시작된 살인사건의 중심에는 그가 사건을 해결하고자 노력하는 행위가 있고, 한편으로 다시 그녀에게 돌아갈 수 있는 계기를 만드는 행위도 존재한다. 이 행위는 서래의 행동과 연결되어 그와 자연스레 이어지는 일종의 화면적 기시감을 연출하기도 한다. 이 기시

감은 보는 이들이 누구나 끌릴 수 있는 공감대를 형성하는 좋은 틀
이 된다.

"내가 그렇게 만만하냐"는 해준의 질문에 "내가 그렇게 나쁘냐"
고 되묻는 서래의 대답. 그녀를 대신해 어머니의 유골 가루를 산에
뿌리는 해준의 뒤로 서래의 표정이 라이트를 통해 교묘히 감춰진
다. 해준의 미결 사건으로 남고자 이포에 온 것 같다고 이야기하는
서래의 말은 영화의 제목과 이어지며 지금까지 꽁꽁 묶어왔던 두
사람의 감정을 완벽하게 풀어놓는다. 곱게 쌓아 올린 아름다운 모
래성은 잔잔한 파도에도 아름답게 무너질 줄 안다. 우리가 이를 '사
랑'이라고 표현할 수 있을지 몰라도, 적어도 해준과 서래가 보여준
감정이 서로의 시간과 공간의 그것을 잘 헤쳐놓았다면, 아마도 우
리는 이들을 '사랑'으로 묘사할 수 있을 것 같다. 무너지는 것을 두
려워할 필요는 없다. 이는 '마침내' 사랑이니까.

누군가를 위한 누군가가 아닌

싱글 인 서울
(Single in Seoul, 2023)

몇 년 새, 관찰 예능이 부쩍 늘었다. 나를 들여다보려면 거울로 보아야 하는 것처럼, 관찰 예능 속에 무엇인가를 담고 있느냐에 따라, 비치는 모습이 달라질 수는 있겠다. 그러니 관찰 예능은 들여다보는 대상보다도, 무엇을 어떻게 담아내느냐의 연출에 따라 해석이 달라지기 쉽다. 실상, 내가 좋아하는 모 프로그램도 시간이 흘러 꽤 많이 변해 버렸다. 세월의 흐름을 거스르기 쉽지 않지만, 그래도 프로그램 초기의 의미와 가치 정도는 염두에 두고 있으면 참 좋을 텐데 말이다.

그러고 보면, 사고로 한때 자취를 감춰버린 리얼 연애 프로그램도 어느새 다른 이름을 달고 다시 고개를 내밀었다. 아직 한 번도 보지 못했지만, 주위에서 재미있다고 난리다. 무엇이 어떻게 재미있는 것일까. 그 답이 궁금하던 차에, 우연한 작품을 마주했다. 영화 〈싱글 인 서울〉(2023)을 보며 지금 때가 어느 시기인데, '사랑'을 운운하느냐고 타박한다면 딱히 할 말은 없다. 어쩌면 내가 무척이나 오래되고 고리타분한 분위기를 타고 있어서일 수도 있다. 요즘 젊은 세대의 기운 또한 낯설게 느껴지고 말이다. 하지만, 이 속에서 앞에서

해 보았던 질문에 대한 해답을 찾을 수 있다면… 혹시 알겠는가.

한때 '사랑'은 늘 외로운 것으로 알고 있었는데, '솔로지옥'이라는 말이 무색하게 영화를 보며 세월의 흐름이 얼마나 빠른지를 쉽게 눈에 익히고 있다. 이젠 이런 소재가 주제화될 수 있음이 신기할 따름이다. 말이 그렇겠지만, 특별한 이유를 갖지 않고서야 스스로 솔로를 자처하는 게 과연 자연스러운 것일까. 이 질문조차도 요즘 세대와 맞지 않는다면, 영화를 놓고 이야기할 자격이 안 되는 것은 아닐까. 하지만 영화가 계속해서 감길수록 그 생각은 조금씩 변해 갔다. 내 흘러간 과거의 테이프조차 돌려버린 채, 그렇게 시간의 흐름이 무색할 정도로 말이다. 오래전 영화 칼럼 쓰는 일을 도시 브랜드와 엮어보자는 지인의 제안을 받았던 적이 있다. 몇 개의 글을 쓰면서 처음에는 영화의 텍스트를 그 배경에서 읽어내어 보자는 의도였는데, 그게 어떻게 주제와 연결되어 생각 외로 재미난 흐름을 만들 수 있었다. 영화 〈싱글 인 서울〉도 마찬가지다. 연인 간의 사랑이 장소와 결부되어 어떻게 흘러갈 수 있을지를 가볍게 구성해 냈다. 여기서 등장하는 배우들은 모두 제각각의 형태와 방식으로 사랑을 시도한다. 영호(이동욱 분)는 그 최전선에서 허둥대는 제대로 된 주인공이고 말이다. 혼자 스포트라이트를 독차지하려는 제대로 된 싱글의 삶이라는 이런 시도는 남녀 간의 '사랑'을 최선을 다해 묘사해 온 수많은 노력을 한순간에 무너뜨리고 만다.

그 옆에서 영호를 도와주는 현진(임수정 분) 역시 사랑이 대체 무엇인지 제대로 설명할 줄조차 모르는 인물이다. 하지만 그녀는 사랑을 직접 해 보지는 않았어도, 어떤 게 사랑이어야 하는지를 원론적인 부분에서 제대로 풀어나갈 줄 안다. 그래서, 영호에게 방향을 잡아 주는 로맨스를 제시하기도 하고, 이에 따라 영호는 그녀의 방향 지시에 그대로 녹아든다. 사실 주옥(이솜 분)은 반전이라면 반전일 수도 있고, 혹은 사랑에 대한 제대로 된 정의를 내려주고 있다면 그럴 수 있겠다고 생각되는 자신만의 퍼포먼스가 확실한 인물이다. 꽤 거칠고 까칠하게 등장하지만, 사실 영호를 가장 멀리서 아껴 주는 인물로 등장한다. 그러니까 그녀 또한 충분한 사랑의 정의를 내세우고 있었고, 그녀가 말하는 사랑의 방식 또한 제대로 자리를 잡았다고 해도 과언이 아니다. 고대 그리스 철학자인 아리스토텔레스는 '누군가를 사랑한다는 것은 자신을 그와 동일시하는 것'이라고 말했다. 그의 철학에 따르면, 이는 얼핏 사랑을 정의하는 것처럼 보여도, 사실 사랑에 대한 견해 차이를 명확하게 드러낸 것으로 해석된다. 앞에서 말했듯이, 사랑하려면 무엇인가를 통해 자신을 들여다봐야 한다. 자신이 어떤 모습인지, 무엇을 원하는지를 제대로 알아야 상대방을 대할 수 있고, 상대를 진정으로 사랑할 수 있기 때문이다.

그래서 자신이 들여다보는 그 '통로'는 무엇이 되든 상당히 중요하고 무게 가득한 움직임으로 다가온다. 맥락상, 이는 영화 속에서 내면의 움직임이 된다. 즉, 아리스토텔레스에게 '사랑'은 상대방을 대하는 방식, 그 이상도 이하도 아니다. 자신을 대하듯 상대를 대하는 것은, 행동 측면에서 서사의 연장에 불과할 테니 말이다. 하지만 〈싱글 인 서울〉에서 어느 인물도 이러한 행동을 취한 이는 없다. 자기 뜻에서 제각기 사랑을 풀어내고자 애쓰고 있지만 정작 그들이 만드는 이야기, 또는 장소가 주는 아무런 시그널조차 화면 속 어디에서도 나타나는 법이 없기 때문이다. 그러니 이 영화는 무엇인가 사랑을 정의하려고 하기보다, 누구나 경험하기 쉬운 우연한 사랑의 연속성을 빗대어 연말 분위기를 만들어 보려는 반복의 미학을 선사하는 작품에 해당하지 않을까. 영호가 젊은 시절 읽었던 무라카미 하루키의 소설 〈상실의 시대〉는 주인공 와타나베가 친구 기즈키의 죽음 이후, 삶과 죽음에 관한 의미를 재설정하고, 흘러가는 시간, 또는 세월의 흐름이 아닌 자신의 직간접적 위치에 의미를 두는 이야기를 다루고 있다. 마지막 순간까지 자신이 어느 곳에 위치하는지에 관한 질문을 던지며 자신의 내면을 들여다보면서 말이다.

영호는 이 책에 매우 큰 영향을 받은 듯 초반부터 싱글의 삶에 큰 의미를 부여했다. 하지만 그 무게가 그리 크게 다가오지 않는 것은, 이미 영화의 기조가 그렇듯 가볍게 볼 수 있는 연애 이야기를 이미 자초하고 있어서다. 바빠 보이는 일타 강사의 하루가 그렇듯 영화는 장소보다 오히려 그 '의미'를 좀 더 들여다본다. 그러니까 영화의 처음부터 이야기는 편하게 흘러가지 않고, 다소 정해진 뉘앙스를 보이는 부분은 개인적인 아쉬움이다. 가벼운 이야기는 중반을 흘러갈수록 영호가 풀어내는 과거의 이야기와 맞부딪혀 현진의 이야기와 함께 재미난 연말 에피소드를 적절하게 메워 주게 된다. 영화 〈싱글

인 서울〉이 주장하는 혼자만의 삶은 단순히 혼자서만 존재하는 존재론적인 부분과는 부합하지 않는다. 감독 박범수는 '솔로'라는 개념을 나 혼자만이 있어야 하는 장소와 위치의 개념이 아닌, 누군가에게서 '나'를 들여다볼 수 있을 때 그 가치가 진정 더해진다고 주장한다. 이 때문에, 무엇인가로 '나'를 들여다보는 행위에 그 의미가 있고, 그 무엇인가는 다름 아닌, 사람을 통해 행위되어야 한다는 것이다. 비단, 남녀의 그것이 아닐지라도(영화에서는 이를 남녀 간의 사랑으로 해석했지만), 말이다.

사람과 사람이 만나 구성되는 과정과 결과를 볼 때, 이 영화가 말하는 '사랑'은 그러한 과정과 결과가 계속해서 부딪히며 나온다는 추론이 가능하다. 여기에 '서울'과 '바르셀로나'라는 장소는 제각기 현대양식과 고딕양식의 특색 있는 이미지를 담아내고 있기에, 그 행위에 가장 적절하고 알맞은 장소라는 생각이다. 이렇게만 본다면 영화 〈싱글 인 서울〉은 아리스토텔레스의 명언에 제법 부합하는 영화로 계속해서 살아남을 수 있다. 영화 속에서 문구로 만날 수 있는 말, '누군가를 위한 누군가가 되지 말고, 자기 자신이 되어라.'라는 문장은 영화의 마지막에 다다라서야 그 의미가 빛을 발한다. 결국, 여기서 말하는 솔로와 연인, 썸과 사랑 등의 이상은 '주체성'에 달렸다는 이야기이다. 솔로와 연인을 그 틀 안에 가두지 않고, 썸과 사랑을 애써 정의하려 하지 않고, 스스로 자신을 들여다보며 자신을 가장 잘 이해하고 가장 자기다운 행동으로 살아갈 때, 그게 언제 어디에서건 충분히 의미 있는 삶을 살아가는 게 아니고 또 무엇

이토록 끌리는 영화

일까. 영호가 마지막에 당당하게 서점에 얼굴을 비추고 소설을 써서 현진에게 원고를 건네는 것 또한 자신을 가장 제대로 이해하게 된 이후부터가 아닐까. 싱글은 싱글이어서가 아닌, 그만의 매력을 발휘할 때, 그렇게 다시 숨을 이어간다.

B급 향연의 뛰어난 자기 성찰

부기나이트
(Boogie Nights, 2022)

독일의 철학자 헤겔은 "미네르바의 부엉이는 황혼이 찾아올 때 비로소 날기 시작한다."라고 했다. 그는 어떤 문제에 대한 인간의 지식은 그 문제가 마무리될 때 비로소 깨닫게 된다는 과정을 설명한 인물이다. 알고 보면 인간이 자신에 대해 이해하는 것은 죽음 앞에 다다를 때 진정 깨닫게 되는 게 아닐까 싶다. 현상에 대해 뒤늦은 깨달음을 얻게 되는 것은, 비단 인간의 어리석음뿐만이 아니다. 그런데도 일찍이 기후학자 윌 스테판과 요한 록스트롬이 "이산화탄소, 메탄가스 등의 배출이 급격한 변곡점을 불러왔다."라고 주장한 것을 돌이켜보면, 잘 살펴보건대 사전에 어떠한 경고와도 같은 메시지가 존재하고 있었다는 것이다. 다시 말해, 이는 기후 위기, 탄소중립 등 눈에 보이지 않지만, 현실적으로 다가오는 사회적 공포의 경고일 수도 있고, 또 다른 측면에서는 인간 내면에 존재하는 하나의 현상을 바라보는 뒤틀린 시각적, 도덕적, 사회적 해석의 한 측면에 해당할 수도 있겠다. 김경엽 감독이 주장하는 메시지는 이러한 내용을 담아내기에 그 목소리가 절대 가볍지만은 않다. 틀에 박힌 주장이 아닌 눈에 가려진 이면을 강조하고 있기에 쏟아내는 이야기가 한층 재미를 더한다.

영화 〈부기나이트〉(2022)는 자본주의 사회에 만연한 내적 공포심을 우회적인 사건과 배경에 덧대어 풍자했다. 북한이 다음 날 핵공격을 예고한 끝에, 사람들은 남은 하루를 어떻게 보내는 게 좋을지 고민에 빠진다. 이 작품의 이러한 배경은 지극히 비극적이면서도 지극히 현실적이다. 사회를 바라보는 원초적이고 말초적인 신경을 꼬집어 비틀다가도, 어느 순간 누구나 가질 수 있는 해법을 현명하게 꺼내 보이기도 한다. 주인공 유빈(최귀화 분)은 죽음을 하루 앞두고 그동안 해오던 정석적인 삶의 방식을 비틀어 변화를 추구하는 인물이다. 검은 머리를 탈색하고, 친구와 나이트를 찾아 마음 맞는 여성을 선택하고는 하룻밤을 지내며 함께 죽는 계획을 세운다. 그러던 그가 우연히 큰 액수의 현금과 권총을 발견한다. 이는 평범한 인간이라면 누구나 욕심을 낼 만한 부와 권력에 대한 상징이 아닐수 없다. 이는 죽음을 앞에 두더라도 쉽게 포기하기 어려운 순수한 욕망 그 자체다. 유빈이 이를 획득한 것은, 그의 자아가 이를 어떻게 판단하고 받아들일 것인지에 대한 실험과도 같다. 어차피 하루에 불과한 유효 기간을 두고 내일이면 쓸모없는 부와 권력이지만, 이를 어떻게 대하고 활용하는지에 따라 인간적 삶의 가치를 냉철하게 소비할 수 있어서다.

그가 만난 여성들은 각기 다른 캐릭터의 자아를 포함한다. 술집에서 처음 만난 연주(이시원 분)는 죽음을 앞에 두고도 그보다 일찍

죽지 못해 안달이다. 삶에 대한 아무런 희망도 더 이상의 욕심도 필요치 않다. 그래서 유빈은 오히려 그녀를 누구보다 경계하고 두려워한다. 결국 그가 가진 부와 권력조차 그녀에게 넘기고 말지만 말이다. 실상 유빈은 나이트에서 만난 경아(김희정 분)에게 마음이 있었다. 그냥 그녀만 만나게 됐더라면 하룻밤을 원활히 보낼 수 있었지만, 이 또한 순탄치 않은 시간이었던 것은 사실이다. 경아는 현실을 눈앞에 두고도 냉철함을 보인다. 어느 순간에서건 실리를 추구하는 모습을 내비치는 것은 인간의 본성과도 같은 부분이다. 그 본성이 유빈에게는 또 다른 상처가 되어 그녀를 멀리하게 된다. 사실, 유빈이 원하는 마지막 밤에 가장 어울렸던 것은 경아의 친구 명숙(장혜원 분)이었을 수도 있다. 명숙은 처음 만난 유빈에게 유달리 매달리는 모습이다. 하지만 유빈은 명숙의 몸에 나 있는 붉은 반점을 보고 에이즈일지도 모른다는 두려움에 그녀를 황급히 떠나고 만다. 어차피 하룻밤만 지나면 모두가 죽을 것이라는 사실을 알고 있음에도, 등장인물들은 지극히 현실적인 하루를 보내기 원한다. 영화는 이러한 생각과 행위가 결국 내면에 대한 성찰이자 인간이 행하는 모든 행위에 대한 반성으로 이어지고 있음을 표현한다.

영화는 누구에게나 한 번뿐인 '삶'에 대한 무게와 가치를 진하게 훑고 지나간다. 주인공 유빈의 시선에서 여성은 지금껏 한 번도 제대로 가져보지 못한 욕구의 대상이었고, 그는 죽음을 앞두고서야 뒤늦게 이를 깨닫고 자신을 변화시켜 이에 대한 갈망을 드러낸다. 그런데도 마지막 순간까지 마음대로 되지 않는 세상에 환멸을 느

이토록 끌리는 영화

끼고 우연히 얻게 된 부와 권력으로 이를 고집해 보지만, 결국 '부와 권력'이 모든 게 아니라는 것을 스스로 이해하고 받아들이게 된다는 것이다. 유빈이 돌고 돌아 결국 첫사랑 수경(박환희 분)을 만나며 깨닫게 되는 삶에 대한 자기반성은, 사실 자신을 돌아보는 계기이자 다른 측면에서 타인의 삶을 헤아리는 또 다른 형태의 수용 자세가 되기도 한다. 결국 그는 수경에게 자신이 깨달은 삶을 설명하고 그녀에게 자신이 가진 돈을 건네며, 삶의 이치가 기승전결이 분명한 과정을 가지고 있음을 설명한다. 그리고 영화는 모든 이에게 주어진 삶이 겉으로는 다른 무게를 지니고 있지만, 사실 이는 절대 비교할 수 없는 형태의 가치임을 각기 다른 어조로 주장하고 나선다. 마지막 하룻밤이지만 누구에게는 가볍게 지나갈 수 있는 삶이고, 또 다른 이에게는 다시 돌이키고 싶은 살고자 하는 욕구를 드러내는 그것으로 말이다.

공포 소설의 대가 H.P.러브크래프트는 "인간은 두려움을 가장 경계하며, 가장 오래되고 강력한 두려움은 미지의 것에 대한 두려움"이라고 말했다. 결국 인간이 경계하는 '두려움'이란 불확실성에서 기인하며, 그 불확실성은 두려움의 감정을 넘어 또 다른 두려움을 갖게 만드는, 그 자체로 새로운 '두려움'이 된다는 것이다. 영화 〈부기나이트〉는 어쩌면 인간의 근본적인 주체성, 실존적 해석과도 맞닿아 있을지도 모른다. 현실에 대한 자각으로 실존(existence)을 드러내는 이러한 부분은 사실 인간의 본질적인 부분을 건드리는 하나의 본능에 가깝다. 영화는 북한의 핵 공격을 사전에 경고함으로써 인물 개개인의 '불확실성'을 '확실성'으로 바꿔 놓았지만, 그런데도 사람들은 그 두려움 자체를 경계하며 또 다른 두려움을 형성해 사회 속에서 자신의 존재를 찾으려 애를 쓰고 있기 때문이다. 결국 핵 공격이 현실이 되건 아니건 간에, 자신의 본질은 변하지 않으며 이는 죽음 앞에서도 냉정해질 수 있고, 또 삶의 본연의 모습을 주장하는 데 있어 어떠한 것도 그 테두리를 벗어날 수 없다는 사실을 말하고 있는 듯하다. 어찌 보면, '성(性)'과 '쾌락'만을 좇는 어설픈 하룻밤의 해프닝처럼 보일지라도, 그 속에는 인간 내면의 본질적인 부분을 건드리는 자기 성찰이 뒤따르고 있는 게 아닐까.

잠시 멈췄을 때 비로소 나를 깨달았다

비긴 어게인
(Begin Again, 2014)

　음악을 언어로 다루는 영화는 리듬과 박자를 이용해 감정을 제대로 표현하는 방법을 안다. 음악을 단지 영화의 부족한 서사를 메우는 도구로써 사용하지 않고, 대사와 연기에 힘을 실어주는 매개체로 이끌기 때문이다. 그래서 음악을 배경으로 이야기를 전달하는 작품은 마치 뮤지컬의 한 장면과도 같이 장면(scene)마다 알맞은 리듬을 선율에 맞춰 흘려보낸다. 영화 〈라라랜드〉(La La Land, 2016)가 많은 관객에게 관심과 사랑을 받았던 이유도 인물이 이야기를 풀어나가는 적재적소에 적절한 분위기의 운율을 공간에 만들어 냈기 때문이다. 이는 사각형의 2차원 화면 속에 스스로를 입체화하는 장점이 되었다. 마치 스크린을 무대처럼 활용해 배우가 자신의 기운을 곳곳에 뿌려 넘칠 수 있게 배려한 듯하다. 이것도 어찌 보면 단순히 음악과 율동으로 에너지를 폭발시켰다기보다 장면마다 주어진 자신의 영역을 잘 소화해 낸 그들의 노력과 능력이 가른 거라고 볼 수 있지 않을까. 영화 〈비긴 어게인〉(2014)은 이처럼 커다란 움직임이 뒤따르지는 않지만 앞서 말한 분위기를 화면에 충분히 흠뻑 적셔 놓고 있는 영화다. 배우의 연기와 잘 만들어진 음악, 그리고 감독의 재치 있는 연출, 이 삼박자가 적절히 어울려 조화를 이루는데, 각각의 요소가 그 빛을 발하는 데에 있어 이 작품은 그 운을 타고난 듯하다. 주인공 그레타(키이라 나이틀리 분)는 평소 기회를 잡지 못한 싱어송라이터였지만 자신의 남자친구 데이브(애덤 리바인 분)의 곁에서 그의 든든한 지원군이 되고 있음에 충분히 만족하고 있는 인물이었다. 그녀의 캐릭터는 영화의 색깔을 읽어내는 데에 많은 도움이 되는데, 쉽게 말해 그녀는 자신의 능력보다도 작은 것에 만족하고 그 안에서 행복을 찾는 유형이다. 이러한 그녀의 성향은 데이브가 자신을 떠난 후 그녀가 불렀던 노래 'Like A Fool'에서 진한 향수로나마 느낄 수 있다. 떠나온 고향과 과거를 바라보는 향수가 아닌 잃어버린 사랑에 대한 향수로 말이다.

반면에 영화를 대표하는 곡이 되어버린 데이브의 'Lost Stars'는 그레타와 데이브, 두 사람의 현재 모습을 있는 그대로 묘사하는 표현의 가사를 담는다. 데이브는 성공을 위해 대형 음반회사와 계약을 맺고 그레타와 함께 뉴욕에 발을 내디뎠다. 그리고 그는 더 나은 성공을 위해 이윽고 그녀와 이별한다. 하지만 감독은 이 부분을 두고 그를 성공과 출세에 집착한 파렴치한으로 그려내기보다 오랜 방황을 딛고 일어나 자신이 꿈꿔 왔던 세계에 대한 희망을 바라본 부분에 더욱 집중했다. 물론 그녀가 그와 이별하며 자신의 정체성에 대한 혼란으로 갈 곳을 잃어버린 것처럼 그 또한 방황하는 모습을 그려 넣지만, 이를 기점으로 자신만의 인생을 만들기 위한 길잡이를 전개하는 모습도 함께 엮어내고 있으니 말이다. 영화는 이와 같은 역할로 댄(마크

　이토록 끌리는 영화

러팔로 분)을 제시하는데, 쉽게 이야기해 이야기를 이끌어 가기 위한 삼박자의 구성 요소와 마찬가지로 각각의 역할을 제대로 구성했다고 볼 수 있다. 꿈을 향해 과거를 뒤돌아보지 않은 사람과 앞을 보고 있지만 갈 곳을 잃어버린 사람, 그리고 그 사이에서 길잡이 역할을 맡은 한 사람의 구성. 이러한 구성은 영화를 보는 이유와 더불어 인생의 길고 긴 선 위에서 자신의 역할을 찾아 헤매는 젊은 청춘들의 시선을 서로 맞닿게 만든다. 한때 슈퍼스타를 만들어 내는 음반 프로듀서로 큰 활약을 해왔던 댄은 한마디로 과거의 시간에 멈춰 서 있다. 그렇게 정체된 상태에 빠져 지내던 그는 어느 날 우연히 만난 그레타가 싱어송라이터로서 잠재력을 지니고 있다는 것을 일찌감치 알아보고 그녀에게 자신감을 북돋아 주는 역할을 자처하고 나선다. 결국 그녀와 함께하며 자신 또한 다시 한번 삶의 반등을 얻기 위한 시도를 하지만 그는 오히려 그녀와 함께하는 시간 동안 자신의 인생을 되돌아보는 계기를 갖게 된다. 그녀와 같이 스트리트 밴드를 모아서 뉴욕의 골목과 거리를 찾아다니며 공연을 펼치는 여러 순간은 댄 자신에게도 나름의 의미 있는 행위가 되어 각 장면의 의미와 색깔을 관객에게 진득하게 묻어나게 전하고 있는 부분이다. 여기서 스트리트, 즉 '거리'라는 공간이 이들에게 주는 의미는 제법 남다르게 다가온다. 그들은 인생을 살아오며 '거리'를 지향했거나 '골목' 그 자체에 의미를 두지는 않았다. 음악과 함께하는 시간 동안 당연히 모두가 '무대'를 동경했고 유명해지기를 바랐던 게 사실이다. 하지만 그럼에도 이러한 삶이 자신의 인생을 놓고 봤을 때 어떤 유의미한 가치를 가질 수 있는가에 대한 숙고가 부족했던 게 사실이기도 했다. 결국 관객의 위치는 항상 높고 화려한 무대가 아닌 낮고 어두운 거리와 골목이었고 그들 스스로 자신을 내려놓고 그들과 함께할 때 같이 부른 노래의 모든 것들이 자연스럽게 빛을 발할 수 있음을 뒤늦게 깨닫게 되었던 것이다. 영화는 줄곧 관객에게 그들이 지향하는 '스타'가 도대체 무엇인지, 어떤 의미를 지니고 있는지, 그리고 그들이 목놓아 외쳐대는 그 '노래'가 관객을 넘어 자신을 어떻게 정의하게 만드는지에 대한 물음을 던지고 있음을 화면에 띄운다.

이처럼 영화의 제목이 말하는 '비긴 어게인'(Begin Again)은 과거에 누렸던 유명세와 화려한 무대를 다시 한번 지향하고 있음을 이야기하는 게 아니다. 오히려 그들이 꿈꾸고 있었던 당시 거울에 비친 자신의 모습을 다시 한번 꺼내어 스스로가 바라는 무대가 어떤 색깔을 지니고 있는지를 깨닫게 되는 것에 그 의미를 두고 있다. 그레타가 자신이 만든 음악과 스스로 가진 빛의 의미를 깨달았을 때, 데이브 또한 이에 대한 뒤늦은 시야를 깨운다. 그리고 이들을 보며 댄 또한 가족과 더불어 자신이 어떤 삶을 살아야 하는지를 이해할 수 있게 된다. 이들을 바라본 관객도 결국 마찬가지일 것이다. 영화의 메시지는 그렇게 복잡하지도 또 어려운 대화를 시도하는 것도 아니었다. 그저 그토록 갈망하고 바랐던 일들을 성취했을 때, 그리고 때로는 기대치 않았던 난관에 부닥쳤을 때, 그 젊은 청춘들이 잠시 멈춰 서서 방황의 무게를 어떻게 감내해야 하는지 그 잠시의 공간과 해소를 위한 메시지를 전달하는 목적, 바로 그 잠깐의 이유에 영화가 말하고자 하는 모든 것이 들어 있다.

📽️ 이토록 끌리는 영화

눈앞에 귤이 없다는 생각을 잊어 봐!

버닝
(Burning, 2018)

존재하는 것과 존재하지 않는 것의 차이는 무엇으로 구분할 수 있을까. 눈에 보이는 것과 보이지 않는 것, 혹은 귀에 들리는 것과 듣지 못하는 것. 이도 저도 아니면 마음속에 자리하는 것과 자리하지 않는 것. 이를 좀 더 이야기하자면 '존재'와 '부존재'의 의미부터 짚고 넘어가야 할 것 같다. 청춘에게 꿈은 어떤 의미로 자리하고 있을까. 분명 존재하지만, 눈에 보이지 않고 귀에 들리지 않으며 마음속에 형상도 틀도 없이 그저 공허하게 흔들릴 뿐이다. 여기서 '존재'는 어떻게 해석해야 하는 것일까. 어쩌면 '존재'는 이런 의미에서 분명 '공유'되어야 할 것이 분명하다. 나도 인식하고 너도 인식하는 것과 나도 인정하고 너도 인정하는 그것. 서로가 이를 공유할 때, 바로 그 시점에서 '존재'의 의미가 형성되고 가치가 주어지는 게 아닐까. 이창동 감독이 가져온 영화 〈버닝〉(2018)이 사람들의 하루에 깊숙이 던지는 주제는 분명 무라카미 하루키의 원작과는 또 다른 형태의 이야기이다. 영화를 보는 내내 계속해서 제시하는 '존재'와 '부존재'의 개념. 그리고 이의 차이와 그 사이에 자리한 '왜'라는 질문도 그 중 하나다. 종수(유아인 분)는 소설을 쓰는 작가 지망생이다.

'존재'와 '부존재'의 개념을 모호하게 흐려버리는 경계의 그림자를 지닌 인물이다. 그의 시각에서는 눈에 보이는 것과 보이지 않는 것이 명확하게 구분되지 않는다. 현실이 때로는 생각의 틀 속으로 자리하기도 하고, 그 생각이 때로는 현실로 비집고 나타나기도 한다.

오랜 친구 해미(전종서 분)는 어느 날 성형 수술을 하고 종수 앞에 나타난다. 거리에서 종수가 우연히 뽑은 추첨번호 85번의 행운이 그녀에게 건네졌지만, 전혀 어울리지 않는 모습이다. 그녀는 저녁 술자리에서 대뜸 아프리카로 떠날 것이라고 이야기한다. 오랜만에 만나 함께 담배를 피우며 자유로운 삶을 지향한다고 말했던 것과 부합한다. 그런데도 종수에게는 이 모든 것들이 갑자기 다가온 85번의 당첨 사실처럼 다소 낯설기만 하다. 앞에서 말했듯, 그는 소설을 쓰며 생각의 영역을 확장하는 데 익숙하다. 해미와의 오래된 하지만 낯선 만남은 그의 머릿속에서 또 다른 이야기를 파생시킨다. 갑자기 해미는 종수를 앞에 두고 팬터마임을 선보인다. 눈앞에 귤이 있다고 생각하지 말고 여기에 귤이 없다는 생각을 잊어버리면 된다는 그녀. 이 말은 영화 속에서 '존재'와 '부존재'의 개념을 계속해서 정의하게 만드는 중요한 메시지처럼 다가온다. 종수는 그런 그녀의 존재 여부가 지닌 가치를 머릿속에서 새롭게 확장해 나가는 중이다. 그러니까 자신의 인생에 있어 존재하는 것과 존재하지 않는 것의 의미를 해석해야만 하는 새로운 숙제가 주어진 것이다. 이것은 영화의 제목이 담으려 애쓰는 '버닝'(Burning)의 의미와도 연결되는데, 존재하는 것에 대한 '나'의 현실적 개념이 되기도, 혹은 부존재를 주장하는 '태

이토록 끌리는 영화

움'의 행위 그 자체에 의미를 부여하기도 해서이다.

　이 때문에, 영화는 러닝 타임 내내 '존재'와 '부존재'의 경계를 여러 차례 섬세하게 넘나든다. 해미는 자신이 아프리카에 가 있는 동안, 눈에 보이지도 않는 고양이 '보일'의 밥을 챙겨달라는 부탁을 한다. 두 사람이 그녀의 방에서 함께 하는 정사 장면에서 종수의 시선이 구석의 비어 있는 공간을 가리키는데, 이는 마치 그 속에 보이지 않는 또 다른 시선이 존재하는 것처럼 날카롭다. '존재'와 '부존재'의 개념을 흔들어대는 그의 시선은, 그녀가 아프리카를 다녀온 후 등장한 의문의 남자 벤(스티븐 연 분)과 그녀가 펼쳐낸 칼라하리 사막의 부시맨 이야기를 통해 확장된다. 그녀가 이야기와 춤으로 펼쳐내는 '리틀 헝거'와 '그레이트 헝거'에 대한 설명은, 둘이 확연하게 구분되지 않고 하나의 고리로 연결되어 점차 그 영역을 확장해 가는 것 같다. 사실 이때부터 누구나 이런 생각을 가질 것만 같다. 어쩌면 이것은 종수의 상상일 수도, 또는 여러 영화가 반복해 주장해 왔던 계층의 간격에 해당할 수도 있겠다고 말이다. 내러티브 속에서 너무나 솔직하게 표현되는 종수와 벤의 대립 구도는 이와 같은 생각을 확장시키는 좋은 보기가 된다. 물론, 이는 상대적인 항거로 표현되기도 하지만 이에 대한 해석은 충분히 긍정적이라는 생각이다. 그 이유는 마지막에 펼쳐지는 종수의 반란이 해미의 방에서 직접적으로 드러나는 소설 습작 장면으로 이어지기 때문이다. 결국 해미의 존재는 그녀가 남긴 말처럼 존재하고 있던 사실을 잊으면 되는 것으로 결부된다. 또 다른 점에서 이는 해미의 '존재'와 '부존재' 사이의 모호함이 스스로 태워내는 행위로써 제대로 된 '의미'를 가지는 것으로 해석되기도 한다.

영화는 이야기를 풀어가는 과정에서 줄곧 여러 장면을 보여주며 '비어 있는 것'에 대한 응시를 강조한다. 공허함을 주장하는 것도 아니고, 그저 스쳐지나가는 허공에 관한 이야기는 더더욱 아니다. 오히려 비어 있다는 게 우리 삶에 어떤 의미를 전하는 여러 행위와 무관하지만은 않다는 화두를 던지는 것 같다. 종수가 해미의 빈집에 들어설 때 화장실 불이 켜진 모습을 볼 수 있는데, 고양이 '보일' 은 여전히 그 존재를 드러내지 않는다. 빈집임에도 불구하고 화장실 불이 켜져 있는 것은, 이 또한 비어 있는 것에 대한 존재감을 드러내는 것과도 같다. 분명 비어 있는데 존재감이 있다는 것은 무슨 이야기일까. 독특한 기시감처럼 느껴지는 이와 같은 장면의 반복은 앞에서 언급한 '존재'와 '부존재'의 경계를 희석하는 도구로 사용된다. 결국, 이창동 감독은 관객에게 계속해서 현실과 상상, 그 경계가 사회 속에서 확연하게 구분되고, 그렇지만 어떤 시각에서는 이들이 서로 희석될 수 있다는 순간을 표현하고 싶었던 것처럼 보인다. 이러한 것들이 바로 계층 혹은 계급사회에 대한 직시일 수도, 또는 그 경계에서 계속해서 흔들리고 있는 젊은 청춘의 표상이 될 수도 있음을 주장하면서 말이다. 벤은 해미, 종수와 대화하며 자신은 눈물을 흘리며 울어본 적이 없다고 말하는 한편, 자신의 직업이 노는 거라고 덧붙이며 요즘은 노는 것과 일하는 것의 경계가 사라졌다고 태연하게 말한다. 이 또한 사회적 경계의 파괴를 현실적으

이토록 끌리는 영화

로 드러낸 대사가 되어버렸지 않나 싶다.

미국 남부 출신의 소설가 윌리엄 포크너는 남북전쟁에 관한 자신의 시각으로 남부 고유의 문화를 다루고, 이 문화의 쇠락에 대해서도 그 견해를 펼친 바 있다. 윌리엄 포크너의 소설을 좋아한다고 밝힌 종수의 시선이 이를 따라가는 것은 지극히 자연스럽다. 태우는 행위가 곧 계층이 가진 경계의 파괴를 의미하고, 또 이로써 자신이 '리틀 헝거'에서 '그레이트 헝거'가 되어가고 있음을 분명하게 밝히는 것처럼 말이다. 종수는 어릴 적 아버지가 시킨 대로, 엄마가 집을 나간 날 엄마의 옷을 태워버린 기억을 꺼낸다. 이도 종수 자신이 태움의 행위에 나름의 의미를 부여했음을 간접적으로 드러낸 장면이다. 해미에게 아무 데서나 옷을 벗지 말라고 이야기하던 종수. 마지막 장면에서는 반대로 그가 아무 데서나 옷을 벗어젖힌다. 실오라기 하나 걸치지 않은 채로, 자동차 운전석에 앉아 떠나버리는 그의 뒷모습에서, 이미 기울어진 경계의 희석이 사회적으로 어떤 의미를 갖는 것인지, 영화는 이에 대해 강렬한 화두를 던지는 모습이다. 그것은 파괴적이지만 무엇 하나 파괴하지 못하고, 구체적이지만 확연하게 구분된 해석을 내리지 못하는 것과 유사한 게 아닐까. 결국 열린 결말이 던지는 영화의 마지막은 관객의 비어 있는 한 구석에서 그 답을 찾게 되는 것 같다. 물론 존재하지만 존재하지 않는 부존재의 존재를 절실하게 느끼면서 말이다.

집착과 성숙의 교차

그랜드 부다페스트 호텔
(The Grand Budapest Hotel, 2014)

눈에 보이는 부분을 있는 그대로 바라보는 것은 참으로 어렵다. 우리가 살면서 이해하는 많은 현상은 사실 대부분 타자(他者)가 연출한 것들이니까. 출퇴근길 혹은 등굣길에서 우리는 과연 얼마나 많은 광고 메시지를 보고 듣고 접하고 있는 것일까. 여기에 우리를 둘러싼 수많은 창조물, 이를테면 매일 걷는 도로와 건물의 출입구, 신호등에 의한 순간의 멈춤마저도 모두 누군가가 만든 의도된 안내와 해석으로 제각기 새로운 의미가 부여된 것이 아닌가. 이처럼 사물을 있는 그대로 바라보고 해석하는 것은, 현대사회를 살아가는 사람들에게 매우 어려운 일이 아닐 수 없다. 그렇다면 이렇게 정형화된 많은 것들을 달리 바라보는 방법은 없을까. 근거는 없지만 어쩌면 우리가 미처 생각지 못했던 전혀 색다른 결과를 얻게 될 수도 있다. 어떤 결과물이 나올지는 현상을 뒤집어 본 후에 생각해 봐도 좋다. 우리는 지난 역사에서 '우연'이 가져온 놀라운 성과와 변화를 여러 차례 경험한 적도 있으니까. 영화도 이와 같을 것이다. 영화 또한 연출된 행위의 시청각적 노출인 만큼 메시지 소구를 위한 정형화된 틀을 가진다. 관객에게 지극히 익숙한 이 이론을 과감

이토록 끌리는 영화

히 뒤집은 영화가 있다면 그 누구도 가보지 않은 길에 도전한 정신과 용기에 개인적인 찬사를 보낸다. 마치 갖가지 실험과 현상을 돌려 생각해 또 다른 시선을 만들어 낸 영화 〈그랜드 부다페스트 호텔〉(2014)처럼.

유럽의 동쪽 끝 경계선에 놓인 주브로브카 공화국의 한 호텔이 배경인 이 작품은 겉으로는 미스터리와 스릴러의 형식을 좇지만, 그 과정에는 현상을 뒤집어 바라보는 웨스 앤더슨 감독만의 시선이 깊숙이 담겨 있다. 그랜드 부다페스트 호텔의 소유주인 마담D(틸다 스윈튼 분)는 가끔 호텔을 방문해 지배인 무슈 구스타브(랄프 파인즈 분)와 사랑을 나누는 거대 부호이다. 영화는 어느 날 마담D가 의문의 죽음을 맞이하며 시작한다. 그녀의 죽음을 계기로 그녀가 남긴 재산에 관심을 가진 친척들이 하나둘씩 모이게 되고, 그녀의 전담 변호사 코박스(제프 골드블럼 분)가 그들 앞에서 그녀의 유언장을 낭독하는 장면이 이내 등장한다. 그곳에 모인 친척들을 담아내는 카메라 움직임은 역시나 웨스 앤더슨 감독 특유의 평면적 시선이 주를 이룬다. 사람의 수나 공간의 분위기 등 입체적인 표현에 집중하기보다 마치 액자 속 사진을 찍어내듯 표현한 평면적 시선은 보통의 입체적 시선과는 차원이 다른 움직임이다. 이 자리에 모인 인물 개개인의 성격과 말투, 혹은 그 속에 숨은 각자의 생각까지도 보는 관객들이 이후의 이야기를 유추할 수 있게 만드는 힘을 가진다는 측면에서 그렇다. 모두의 눈동자가 동시에 한 곳을 뚫어지게 쳐다보며 이를 따라가는 카메라 움직임은 평면적 시선의 장점을 강조하는 좋은 사례일 것이다. 이 과정에서 마담D가 죽기 전 무슈 구스타브에게 가문 대대로 내려오던 명화 '사과를 든 소년'을 유산으로 남겼다는 사실이 알려지게 되고, 그는 그녀의 친척들에게 죽음과 관련한 날카로운 의심의 시선을 받게 된다.

영화는 이 사건을 계기로 마담D의 죽음이 자연사가 아닌 누군가에 의해 살해당한 것이었음을 드러내고, 억울한 누명과 의심을 쓰게 된 무슈 구스타브가 호텔 로비보이 제로(토니 레볼로리 분)와 함께 자신의 누명을 벗기 위해 동분서주하는 모습을 통통 튀는 리듬과 색채로 담아냈다. 사실 영화 속에서 표현되는 화면 대부분은 앞에서 언급한 것처럼 평범한 시선을 넘어선 지 오래다. 일반적으로 영화는 이야기를 전하기 위한 도구일 뿐, 영화의 여러 기법 자체만으로 그 이야기를 형성하는 것은 드문 편이다. 하지만 웨스 앤더슨 감독은 자신만의 독특한 시각과 색채의 표현, 그리고 곳곳마다 강한 인상을 남기는 미장센을 이용해 감각적인 표현을 띤 재미난 관점의 시선을 보여준다. 이 영화가 우리에게 익숙한 화자(話者), 즉 배우 혹은 내레이션 대신에 감독이 유독 강조하고자 하는 메타포를 선사하고 있는 것도 그 중에 하나다. 두 인물이 대화를 나누는 장면을 가정할 때 카메라가 인물 대신에 어느 한쪽 구석을 넌지시 비춘다거나, 특별한 사물을 클로즈업하며 그 사물이 사건과 연관되거나 실마리를 풀 열쇠를 암시하는 틀과 비교하면 그렇다는 이야기다. 오히려 이 작품은 시작부터 끝까지 정형화된 틀을 깨고 사건의 방향과 인물의 속내를 가늠하기 어렵게 만드니까 말이다.

묘령의 여인이 어느 작가를 기리기 위해 올드 루츠 공동묘지를 찾아가는 영화의 첫 장면 또한 익숙한 카메라 움직임 대신 다소 직선적이고 평면적인 2차원의 화면을 선사한다. 이야기를 이끄는 스토리 리더인 노령의 작가(톰 윌킨슨 분)가 인터뷰를 시도하는 다음 장면도 마찬가지이다. 인터뷰 대상인 작가의 시선은 사방의 공간을 완벽하게 차단한 채 정면의 카메라를 강한 눈빛으로 응시하는 모양새다. 여기에 카메라 움직임은 줌인(zoom-in) 대신 줌아웃(zoom-out)을 자주 시도하는 편인데, 마치 스크린에 수채화를 살포시 걸어 놓은 양, 각각의 인물을 들여다보기보다 전체적인 배경을 살펴보라는 무언의 메시지로 작용하는 듯하다. 일반적인 시선은 인물의 눈높이를 맞추는 편이지만, 이 작품은 상식을 깨고 그야말로 상하좌우로 종횡무진한다. 하나의 화면 내에서 멀리 떨어져 있는 인물을 함께 담아내 원근감을 완벽하게 깨어버리는가 하면, 심지어 천장 높이에서 아래를 수직으로 내려다보는 도전도 서슴지 않는다. 전혀 익숙하지 않은 구도이지만 모든 장면에서 거부감을 느끼지 않게 되는 것은, 서두에서 언급한 것처럼 웨스 앤더슨 스스로 간접적인 영향을 배제한 채 사물과 현상을 있는 그대로 뒤집어 보고자 하는 도전을 즐기기 때문이다.

서사의 큰 자리를 차지하는 요소는 말 그대로 흔하디흔한 소재인 '살인'이다. 이렇게 흔한 소재인 '살인'은 크게 두 가지 요소로 귀결될 수 있다. 하나는 '누가'(who), 그리고 다른 하나는 '왜'(why)라는 것이다. 이 두 가지 요소는 영화 속에서 관객의 집중력을 유지하는 중요한 역할을 해준다. 마치 추리소설을 읽는 것처럼, 긴 호흡과 짧은 호흡을 병행하며 궁금증을 해소할 열쇠를 찾기 위해 영화에 쉽게 몰입하게 만드는 것과도 같다. 대부분은 여기에 소소한 액션을 집어넣거나 공포 효과를 가미하는 등의 방법으로 나름의 차별화를 시도하지만, 〈그랜드 부다페스트 호텔〉은 눈에 띄는 조미료 없이 잔잔함을 유지하면서도 순수하게 '누가'(who)와 '왜'(why)라는 단 두 단어만으로 이야기를 끝까지 이어갈 줄 안다. 여기에 무슈 구스타브에게 얹힌 '누명'이라는 단어는 사건의 속도를 좌우하는 결정적인 요소이다. 그는 억울한 누명을 벗기 위해 구치소에서 탈옥을 시도하는가 하면 마담D의 아들 드미트리가 고용한 살인청부업자 조플링(윌렘 대포 분)의 위협에 대처하는 등 화면 곳곳에서 이를 뒤흔드는 파도의 거친 부분을 찾아보게 만든다. 하나의 단어를 추가하자면 이는 '유산'이다. 거대 부호 마담D가 어마어마한 재산을 남기면서 과연 누가 얼마나 많은 재산을 차지하게 될지에 궁금증이 더해질 수밖에 없기 때문이다. 관객은 이 의문부호 하나를 갖고 앞의 요소를 풀기 위한 열쇠를 찾고자 한다. 마지막으로 '조력자'라는 단어를 생각할 필요가 있다. 영화의 초반 젊은 작가(주드 로 분)가 호텔 주인인 제로 무스타파(F.머레이 아브라함 분. 그는 젊은 시절 호텔 로비보이였던 제로이다.)를 만나는 장면에서 그가 조력자로서 어떤 역할을 하며 호텔을 물려받게 됐는지에 대한 새로운 관심이 생겨나기 때문이다.

영화의 첫 장면에서 노령의 작가는 "작가가 이야기를 순수하게 창작하기도 하지만, 오히려 주변 사람들의 삶 속에서 새로운 영감을 받기도 한다."라는 말을 꺼낸다. 이는 영화의 마지막 장면과 연결되는 시선이다. 슈테판 츠바이크의 책에서 영감을 받았다는 이 문구는 직접적이면서도 간접적으로 영화가 말하고자 하는 바를 강하게 표현할 줄 안다. 현실은 탐욕적 내면에 국한되어 있지만 이를 뒤집어 바라보면 그 자체로 삶을 이루고 인생을 채색하며 예술을 탄생시킨다는 정의이다. 슈테판 츠바이크는 오스트리아의 유대인 작가로서 옛 유럽에 대한 향수를 잊지 못해 아내와 동반 자살한 인물이다. 모 평론가는 이 작품을 '옛 추억을 잊지 못하는 향수를 그린 아름다운 영화'라고 이야기했지만, 개인적으로 이를 '향수'라는 말보다 '집착'이라는 단어로 수식하고 싶어진다. 여기서 말하는 '집착'의 의미는 '부(富)'와 '명예', 그리고 '사랑'에 대한 그것이 될 수도 있지만, 돌려 생각하면 '삶'을 수식하는 단어로 해석해볼 수도 있다. 사람들이 매일 같이 가볍게 흘려버리고 마는 그 '삶' 말이다.

주인공 무슈 구스타브가 유독 파나쉬 향수와 멘들 빵집의 케이크에 집착하는 것은, 우리 삶 자체에서 늘 집착하게 되는 유의미하지만 무의미해 보이는 것들에 대한 좋은 예라고 할 수 있겠다. 이 같은 시각과 해석으로 영화를 이해하면, 이 작품은 말 그대로 '어른들을 위한 동화'가 아닐 수 없다. 좀 더 수식하자면 이를 '어른의 시각에서 아련한 옛 추억을 더듬는 향수'라고 칭한다면 어떨까. 앞에서 이야기했듯, 똑같은 환경을 정형화된 틀을 깨고 색다른 시선으로 바라보는 것, 이를 위해서는 깊숙한 성숙의 무게가 앞서 전제되어야 할 테니 말이다.

골고루 담아내는 행위, 그래야 건강하다

더 메뉴
(The Menu, 2022)

이 세상 무엇도 먹는 것만큼 중요하게 여겨지는 게 있을까. 혹자는 인생을 먹기 위해 태어났다고 하고 또 누군가는 먹지 않는 삶은 의미가 없다고 했다. 사실 먹지 않으면 살 수 없으니 당연하다고 생각되지만, 먹는 것 또한 무엇을 어떻게 먹느냐에 따라 우리 삶이 달라질 수도 있으니 이도 어느 정도 이해되는 이야기라고 하겠다. 음식은 어떤 재료로 어떻게 만들어지는가도 중요하지만, 어떤 목적으로 어떻게 섭취하느냐 또한 중요할 것이다. 그야말로, 내 몸 안에 무엇인가를 집어넣는 것은, 한 사람의 부족한 허기를 채우는 하나의 목적과 의미 이상의 것을 안고 부여하는 행위이기 때문이다. 그래서 세상의 수많은 셰프들이 자신만의 음식을 가꾸고 특유의 맛을 내려 노력하며, 그로 인한 자신만의 레시피, 즉 형상으로 표현되는 맛의 음미를 내세우기 위해 노력한다. 때로는 이와 같은 형상이 아름다운 심미적 형태로 그저 맛을 내는 데 그치는가 하면, 또는 지식과 감정 등의 다양한 영역으로 표현될 수 있어 '요리'는 영화 속 소재로 여전히 자주 활용되고 있다. 마치 굴곡 있는 인생의 희로애락을 자유롭게 담아 그려내는 것처럼, 뜨겁게 그리고 차갑게 모든 과정 속에서

이토록 끌리는 영화

우리가 가질 수 있는 다양한 감정을 옭매어 삼킨다. 그 과정은 언제나 그렇듯 매우 치열하며 또 과감하게 사라지기도 한다.

영화 〈더 메뉴〉(2022)는 '삶' 그 자체, 즉 다양한 재료를 기초로, 적절한 조화 속에서, 화려하게 불태우고 흔적도 없이 사라지는 인생의 화려함만을 내세우는 영화는 분명 아니다. 오히려 그 과정에서 누군가에 대한 분노와 용서, 과거와 현재에 대한 솔직한 표현을 음식을 둘러싼 행위로 치유하고자 하는 과정을 담았다. 하지만 마크 미로드 감독이 풀어내는 여러 이야기는 단순히 상처의 치유 행위에만 의미를 부여하기보다, 나름의 서스펜스를 가미해 관객이 이야기에 자연스러운 흥미를 느끼게 되기를 바랐던 듯하다. 개인적으로 그 과정이 너무나 예측 가능하고 쉽게 흥미를 잃게 만들어 평범함을 벗어나지 못한 게 아쉽다. 굳이 영화에서 무엇인가를 찾아내자면 외적 표현에서 이해할 수 있는 요리의 아름다움만이 아닌 요리 그 자체의 맛과 질서만으로 그 안에 존재하는 인간의 추악성을 끄집어내고자 했다는 점이 긍정적이다. 이는 셰프 슬로윅(랄프 파인즈 분)이 스스로 나서 이를 수행하고자 한 것에서 하나의 해석을 부여할 수 있으리라. 이를테면 값비싼 요리를 맛보기 위해 거금을 들여 배를 타고 외딴섬의 레스토랑에 참석한 이들 개개인을 두고, 그들의 과거 잘못을 누가 어떤 자격으로 평가하고 처단할 수 있는가를 논할 수 있을 터다. 이를 이야기하는 것은 감독의 논제를 과감하게 비트는 용기가 필요한 행위이기도 하고 말이다. 슬로윅은 요리를 하는 셰프인데, 요리는 재료의 특징을 잘 살린 음식을 만들어 누군가에게 대접하는 행위로 대변될 뿐, 이를 통해 요리를 맛보는 고객의 삶을 날카롭게 비판할 자격까지 부여받지는 못한다.

그렇기 때문에, 셰프 슬로윅은 자신이 만들고 구성한 메뉴를 대접하는 행위 그 자체가 레스토랑을 방문한 손님들을 새롭게 해석하고 평가하는 과정이 될 수 있다고 생각한다. 그들 스스로 음식을 맛보며 자신의 과거를 판단하고 이를 이해하고 받아들이는 과정으로 여길 수 있다는 점에서 말이다. 여기에 하나의 옥에 티가 주어진 게 바로 마고(안야 테일러 조이 분)가 되겠다. 영화의 내용상 그녀에게 어떠한 역할이 직접 주어진 것은 아니다. 하지만 그녀의 존재는 전체 메뉴를 흔들고 그 과정이 처음의 평가와 해석의 의미를 잃게 만드는 효과를 가져왔다. 그래서 슬로윅은 그녀를 달가워하지 않는다. 사실 인간이 스스로 주체적인 행위를 행할 때 타인의 삶까지도 흔들 수 있다는 생각은 매우 위험하다. 편협한 생각과 가치관이 역사의 심판을 받은 사례가 많은 것을 보면, 인류는 얽고 얽히는 역사 속에서 여러 차례 중요한 순간을 맞이했고, 다수의 실수를 경험했다. 마크 미로드 감독은 누군가의 잘 짜인 각본이 하나의 어긋남으로 재해석되고 맛의 미묘한 경계가 무너질 수 있다는 사실을 영상으로 보여주고자 했다. 마지막 장면까지 그가 원하는 대로 전체 메뉴를 구성하고자 노력하지만, 이와 같은 구성과 표현이 어느 정도의 설득력을 가졌는지에 대해서는 관객의 입장에서 여전히 아쉬움이 남지만 말이다.

이토록 끌리는 영화

영화는 단순한 재료가 고루 섞여 하나의 요리가 되고, 그 요리가 사람들의 오감을 만족시키는 지극히 간단명료한 그 과정 자체만을 조명하는 것은 아니다. 오히려 내 몸 안에 무엇인가를 집어넣는 것, 내가 부족하다고 느끼는 하나의 '허기', 여기서는 그 '허기'가 삶 자체에 있어서 부족함으로 해석되는데, 이는 말로 설명하기 힘든 하나의 '형상'으로서 존재하기 때문이다. 완성된 요리는 그 형상을 세우는 심미적 형태를 나타내는 것이고, 그 형태는 보기에 따라 다양한 지식과 감정의 빈 공간을 채우는 또 다른 의미를 형성하게 한다. 영화 〈더 메뉴〉가 내세우는 재미는 개인적으로 바로 이 점이 아닐까 싶다. 단순히 눈으로 보고 느끼게 되는 요리의 아름다움과 맛에 대한 궁금증이 아닌, 어떤 구성으로 어떤 목적과 함께 어떻게 채워졌을 때, 그 요리가 어떤 모습으로 변화되는지를 생각하고 느낄 수 있게 만들었다는 점에서 말이다. 그 점에서 타일러(니콜라스 홀트 분)는 마고와 대비되는 절묘한 영역을 갖춘 인물이다. 마고가 슬로윅의 메뉴에 쉽게 호감을 잃어버린 반면에, 타일러는 주는 대로 감탄하며 받아먹는 심취적인 모습을 보여서이다. 그가 레스토랑을 찾은 애초의 목적은 요리에 투영한 자신의 영혼을 죽음으로 거둬들이는 일이었는데, 생명을 주는 요리가 오히려 생명을 앗아가게 만드는 이 아이러니한 상황이 더욱 그의 존재를 재미나게 만드는 것 같다. 결국 영화에서 음식을 섭취한다는 것은, 이처럼 감독이 제시한 영역 안에서 이율배반적인 형상으로 표현되기도 한다.

　　영화 〈더 메뉴〉는 보기에 따라 그 선호가 분명하게 갈릴 만한 요소를 여럿 지녔다. 서스펜스 형식이 주는 긴장감과 재미를 원했던 관객에게는 그 공간을 일정 부분 채우지 못했을 테고, 반대로 요리를 둘러싼 제조 과정과 속에 담긴 의미, 그리고 화려한 연출을 구경하고 싶었다면 나름의 재미 정도는 충족하지 않았을까. 물론 생각 외로 보는 면의 흥미와 만족감은 다소 부족하겠지만 누구나 관심을 갖게 되는 요리 그 자체에 대한 의미를 확장해 사람들의 과거를 아우르는 지점과 연결한 점은 소소한 의미를 부여할 만하다. 요리는 단순히 신선한 재료와 셰프의 정성이 담겨 아름다운 하나의 맛을 자아내는 결과만 있는 게 아니다. 오히려 요리가 탄생하고 섭취되는 그 과정이 마치 우리가 살며 배우며 조화를 알아가는 생(生) 그 자체와 닮았다고 말할 수 있지 않을까. 요리가 어떤 의미와 목적을 갖고 원하는 맛을 낼 수 있는지는, 요리의 화려한 겉면보다 요리를 받아들이는 이들의 마음속에 존재하는 거니까 말이다. 우리가 늘 느끼게 되는 '허기'는 아름다움으로 채우는 게 아닌 삶의 희로애락을 골고루 담아내는 '행위'로 완성될지도 모르겠다. 뭐든지 골고루 먹어야 건강해지듯 모든 게 그러하다.

영화는 재미있다. 우리 삶도 그렇다

파벨만스
(The Fabelmans, 2022)

평소 커피를 즐겨 마신다. 개인적으로 커피는 다양한 맛을 음미하기에 가장 좋은 음료라고 생각한다. 로스팅 방식, 그라인더의 굵기, 원두 추출 시간, 온도와 원료 등에 이르기까지 조율에 따라 쓴맛과 신맛, 단맛 심지어 탄맛까지도 동시에 자아낸다. 같은 원두라도 만들기에 따라 그 맛이 제각각이다. 마치 우리 삶 그 자체를 조율하듯 깊고 진한 맛으로 우리 몸과 마음의 원초적인 부분까지 훑는 듯하다. 이러한 특징은 영화가 가진 매력과 일맥상통하는 것 같다. 영화를 두고 많은 이들이 영화는 삶의 투영이라고 하는 부분에서 여러 의미와 해석을 남긴다. 하지만 엄밀히 말하자면, 영화는 현실과는 지극히 다른 존재이다. 꿈과 현실이 확연하게 구분되듯, 영화 속 이야기가 현실을 완벽하게 담기에는 그 가운데 명확한 벽이 존재하기 때문이다. 그 벽을 어떻게 묘사하고 또 희석하느냐가 여러 감독에게 주어진 과제라고 해도 좋겠다. 스티븐 스필버그의 영화 〈파벨만스〉(2022)는 그 과제를 가장 무거운 시선으로 거두는 작품인 듯하다. 감독은 이 영화를 자신만의 성장 영화로 자처하지만, 보기에 따라 좀 더 진지하고 다양한 측면의 시선과 해석을 다루고 있다고 생각한다.

　부모님과 함께 극장에서 영화를 보고 나온 새미(가브리엘 라벨 분). 그를 두고 아빠 버트(폴 다노 분)는 'anxieties', "걱정과 생각이 많다." 라고 하고, 엄마 미치(미셸 윌리엄스 분)는 'imagination', "그 또래 아이들은 상상력이 풍부하다."라는 상반된 의견을 내비친다. 실상 가볍게 지나칠 수 있는 이 장면은 사실 영화의 전체적인 맥락을 강조하는 가장 중요한 장면 중 하나이다. 하나는 아빠와 엄마로 새미를 바라보는 시선이 분리되는 지점을 가리켜서이고, 또 하나는 영화를 바라보는 새미의 관점, 즉 열차가 탈선 사고에 이르는 영화 속 장면을 실제와 같이 인식하는 그 지점을 직접적으로 드러내고 있다는 점 때문이다. 어린 새미는 유대인이어서 하누카(유대인 명절)에 성탄절 조명 대신 전류 조명을 틀고 잠을 자도 되는지 묻는 아이다. 영화 속에서 마치 심장 박동처럼 표현되는 전류 조명은 새미가 영화를 어떻게 바라보는지 그 생각과 시선을 스스럼없이 펼치기 시작한다. 달리는 모형 열차를 눈앞에 두고 영화 속 열차 사고 장면을 반복해서 재연하는 새미. 연속된 프레임이 하나의 움직임으로 만들어지는 영화에 대한 호기심을 화면은 계속해서 강조한다. 이를 이해하지 못하는 아빠에게 엄마는 안전하고 행복한 세상을 만드는 게 충돌 장면을 봐야 하는 이유라고 설명한다. 이는 열차의 충돌과 부모의 의견 충돌이 곧 새미의 안전을 전제로 한 행복과 충격을 전제로 한 불행이 교차하는 지점을 프레임 속에 담아내는 계기로 이어진다고 볼 수 있다.

영화는 곳곳에서 각 인물의 성향을 자주 드러낸다. 새미의 손바닥이 스크린으로 이어지는 장면은 그의 손으로 영화를 제작하고자 하는 새미의 지향점을 드러내고, 갑자기 등장한 토네이도를 가까이에서 보고자 아이들과 함께 차를 끌고 토네이도를 쫓는 엄마 미치의 모습은, 마치 종국에 그녀의 외도를 사전에 알리는 부분처럼 보인다. 토네이도를 마주하기 직전, 쇼핑 카트 행렬에 차를 멈춰 세운 그녀의 표정은 어쩌면 자신의 내면에서 벌어지는 또 다른 소용돌이를 표현하는 것처럼 보일 정도다. 결국 영화와 현실의 구분을 극명하게 드러내는, 영화의 한계를 조심스레 꺼내는 장면 같아 보인다. 영화에 대한 새미의 꿈을 표현하는 과정에서 굳이 이렇게 엄마의 외도를 강조하는 것은, 영화를 현실과 차이를 두어 이후 환경 변화에 따라 펼쳐질 새미의 내적 변화를 미리 읽어내고자 하는 이유도 있겠다. 새미가 전갈을 잡아 판매한 돈으로 필름을 구입하고, 〈리버티 밸런스를 쏜 사나이〉(The Man Who Shot Liberty Valance, 1962)를 따라 영화를 촬영하는 장면과 그 결과물을 보며, "가짜, 완전 가짜야."라고 나지막이 속삭이는 장면 등이 이에 부합하니까 말이다.

영화는 성장 영화를 표방하고 있는 만큼, 그의 가족은 물론, 영화를 매개체로 새미를 둘러싼 여러 사건과 환경 변화가 그의 내면을 어떻게 파고드는지 세밀하게 표현할 줄 안다. 한편으로 '성장통'처럼 표현되는 이러한 과정은 부분적으로 디테일한 세심함을 전하기도 하는데, 예를 들어 엄마가 피아노를 연주할 때 귓가를 괴롭히는 손톱 소음이 대표적인 사례가 된다. 실제 총을 쏘는 모양처럼 표현한 편집 방법이 엄마의 구두 뒷굽이 악보를 찢어낸 것에서 유래했다면, 그가 운전 중인 아빠에게 "앞을 봐요."라고 말하는 것은, 아빠가 마주할 사건을 가리키는 탁월한 장면 전환의 이음새가 아니었을까. 영화 〈파벨만스〉는 이처럼 한 소년의 성장통을 다각도로 그려내고 있지만, 결국 이 모든 요소는 주인공인 새미의 내면과 외부 환경의 충돌에서 비롯되고 있음을 강조한다. 엄마와 아빠가 결국 이별을 선언했을 때, 새미는 다른 여동생들과 달리 엄마 대신 아빠를 선택한다. 아빠의 외로움을 달래는 것도 그 이유가 될 테고, 자신의 외로움을 달래는 것 또한 이유가 되겠다. 하지만 구체적인 이유를 찾자면 아빠와 자신의 외로움이 홀로 장벽을 치는 것을 막을 수 있으니 말이다. 영화 속 'The End'가 엔딩을 채우기 전까지 그들의 이야기는 결코 끝난 게 아니다. 현실에서 이상으로 이어지는, 즉 영화와 현실 사이의 경계마저도 그들이 하기에 따라 쉽게 구분하지 않고 서로를 교차할 수 있는 힘이 있다는 사실을 우리는 너무도 잘 알고 있지 않은가.

또 하나를 찾자면 당연히 영화가 둘러싼 새미의 성장도 이야기할 수 있을 테다. 스티븐 스필버그 감독의 현재 모습에서도 잘 알 수 있듯이, 그는 영화를 선택하고 영화로 커다란 성공을 거두었다. 새미가 명감독 존 포드를 만났을 때, 존이 새미에게 "지평선이 맨 위와 아래에 있을 때 가장 재미있는 장면이 나오며, 가운데 있을 때가 가장 지루하다."라고 던진 말은 어쩌면 삶이 굴곡을 동반할 때 더 가치가 있다는 말처럼 들린다. 결국 그가 걸어온 삶 그 자체가 굴곡

이토록 끌리는 영화

진 삶이었으며, 그 굴곡이 현재의 자신을 있게 했다는 의미를 담고 있지 않을까. 감독은 주인공 새미를 통해 자신의 삶을 표현했고, 화면에서 새미에게 다양하고 많은 수식어를 선사했다. 새미는 밝고도 명랑한 모습, 슬프고도 힘든 감정, 어색하지만 재치 있는 모습을 보였다. 어려움 없이 살아온 것 같지만 많은 감정의 굴곡을 받아들였고, 이를 겪고 견뎌내면서 건강한 자아로 성장했다.

지금 보면 모든 게 좋은 결말 같아 보인다. 하지만 사실 그는 카메라를 통해 영화를 바라보는 시선을 한곳에 모으고 있었다. 필름 속에 그려진 것들이 현실이 아닌 듯 보여도 현실에서 볼 수 없던 진실을 담아내고 있고, 그 진실을 찾기 위해 사람들이 영화를 찾는다는 사실도 잊지 않고 말이다. 그가 영화를 통해 말한 것처럼, 영화 또한 항상 말한다. 필름 속을 가득 채운 진실은 단지 진실로써 거짓을 외면하는 게 아닌, 진실과 거짓을 넘나드는 현실로써 모든 이의 꿈과 현실을 충분히 채워 주고 있다는 사실을 말이다. 그러니 영화는 모든 측면에서 우리를 자아에 비추고 그 자아는 새롭게 현실에 반영된다. 그래서 영화는 재미있다. 우리 삶도 그렇다.

4부_ 겨울

노을빛 저녁 한 잔, 아메리카노

『크리스토프의 이상은 모든 이가 완벽하게 만족하는 세상이었지만, 사람들이 진정 바라는 삶은 트루먼으로 대표 되는 자기 자신이 자유를 제한당했던 견고한 경계의 벽을 깨부수고 나아가기를 원했던 것으로 판단된다.』

지금 당신은 진짜 인생을 살고 있나요?

트루먼 쇼
(The Truman Show, 1998)

진실과 거짓의 경계를 놓고 하나를 택하라면 어떤 선택을 하게 될까. 답이 금방 나올 만한 질문이 될 수도 있지만 질문을 조금만 바꿔 보면 그 선택이 자칫 어려워질 수도 있다. 최악의 진실과 최상의 거짓이 가진 경계라고 바꿔 보면 어떨까. 마치 영화 〈매트릭스〉 (The Matrix, 1999)의 알약처럼 고민은 선택의 영역을 쉽게 벗어나기 일쑤다. 말을 바꿔 이를 지옥의 진실과 천국의 거짓으로 비약해 보면 그 무게가 어느 정도까지 전해질까. 우리는 현실 사회의 좋은 점만을 찾아 살기에 그 방향을 순간 놓아둘 때가 많다. 하지만 현실이 반드시 무난한 것만은 아니다. 이를테면 우리가 사회의 어두운 부분을 애써 외면하는 것도 결코 무시하지 못할 것이다. 세상의 모든 진실을 다 알고 담아내기에는 그 무게가 우리가 감당할 여지를 넘어설 수 있기 때문이다. 누구나 진실을 택할 수 있을까, 아니면 누구나 그렇듯 자신을 직시하지 않고 외면하고 살아가게 될까. 영화 〈트루먼 쇼〉(1998)는 전지적 관찰자 시점의 훔쳐보기 식 무게만을 고찰하고자 한 영화로 접근하기 쉽지만, 의외로 한 사람의 인생을 보며 인간으로서 삶이 지닌 무게를 상당히 깊이 있게 고민하고 있는 작품이다. 달리 말하자면 하나의 인생이 어떻게 조작되고 이끌어지는가에 따라 그 삶이 어떠한 흔적을 가질 수 있을지를 강한 메시지로 표현하고 있다고 볼 수 있다. 주인공 트루먼(짐 캐리 분)은 어릴 적부터 평탄한 삶을 살아왔지만 언젠가 자신이 살아온 작은 섬을 떠나 미지의 '피지'를 찾아갈 수 있기를 꿈꾼다. 그것은 단지 '피지'라는 자신이 가보지 못한 섬에 대한 단순한 갈망의 그것을 넘어 자신을 둘러싼 보호 속에서 자신이 진정 원하는 자유를 얻어내기 위해서다.

감독 피터 위어는 화면 속에 만들어진 작은 세상의 묘사를 일명 '보호'라는 명목 속에 갇혀 있는 하나의 감옥에 가깝도록 비유했다. 하지만 이는 오히려 그 공간을 안전과 안정을 지향하는 지상낙원의 그것으로 표현해 그 안에서 이상을 이끌 수 있도록 나름의 무대를 제시하고 있는 의도를 나타내기도 한다. 여기서 이 부분은 조지 오웰의 소설 〈1984〉(1949)와 많은 부분에서 닮은 점을 비추는데, 감시자로서 빅브라더의 역할은 통제된 사회로서 시민들의 삶을 감시하고 제한하는 역할을 갖지만, 그 안에서 생활하는 그 자체만을 본다면, 적어도 적당히 안전하고 질서 있는 삶을 갖추고 보장하는 부분이 있기 때문이다. 또 다른 시각은 이 작품이 개인의 삶을 들여다보는 관찰자 시점의 그것을 극대화하고 있는 부분을 지적할 수 있다. 영화는 제각기 주어진 역할로서 개인의 삶에 개입하고 있는, 다시 말해 개인을 위한 가상의 공간에 침범한 집단의 의도를 강한 비판으로 고발하고 나선다. 그리고 이 부분에서 카메라의 시선은 지극

이토록 끌리는 영화

히 객관성을 놓은 지점을 드러낸다. 그 이유는 그가 성인이 될 때까지 그조차 눈치채지 못할 정도의 완벽한 가상공간을 이룩하고 있으면서도 그의 의심이 조금씩 커지게 되자 이를 자연스럽게 받아들이지 않고 그를 통제하려는 모습을 계속해서 보여주기 때문이다. 프로그램의 연출을 맡고 있는 크리스토프(에드 해리스 분)는 이러한 통제 프로그램을 유지하기 위해, 즉 시청자들의 트루먼에 관한 관심과 프로그램의 인기를 유지하기 위해 그 공간을 하나의 장치로서 통제하려는 시도를 하는데, 오히려 그때마다 시청자들은 사각형의 화면 바깥을 향한 트루먼의 의지에 힘을 보탠다. 한편으로 트루먼을 계속해서 화면 내에서 보기를 원하는 시청자들의 객관적인 시선이, 또 다른 면에서 트루먼이 바깥세상으로 나아가기를 바라는 주관적인 응원으로 바뀌는 시선의 분배가 이루어지는 부분이다.

제한된 공간에서의 삶과 거칠고 힘들지만 이를 버텨내기 위해 또 다른 삶을 지향하는 지점과의 경계는 얼핏 보면 비슷하게 느껴지지만, 오히려 정반대의 모습을 드러낸다. 트루먼은 사실 처음부터 이에 대한 선택권을 갖지 못했으니 말이다. 자신이 일반적인 시민의 처지가 아니라 스포트라이트를 받는 역할극의 주인공으로서 가치를 가지고 있음을 깨닫는 과정이, 이 프로그램은 물론이고 영화 그 자체로서의 가치 또한 높이는 부분으로 작용한다. 그의 평생을 함께한 주변인, 즉 그의 옆에 있던 배우들은 많은 순간 그의 삶을 바라보는 주관적인 시선을 드러내며 그에게 삶의 진실을 이해시키고 가치 있는 삶을 살아가기를 권하는데, 이 또한 이 영화 자체의 카메라를 넘어 영화 속 카메라까지도 사회 비판적인 시선을 공유한다는 측면을 드러내고 있다고 하겠다. 영화는 결말에 이르러 그 한계를 냉철히 지적한다. 결국 자신의 인생에 있어 갇힌 굴레를 벗어나는 역경과 의지를 화면에 그대로 담아냈지만, 그런 부분이 자신의 삶을 어떤 방향으로 이끄는지에 관한 덮개를 완전히 열어젖히는 데는 실패하기 때문이다. 트루먼과 크리스토프는 충분한 소통으로 각자의 영역을 확보하고 지키기 위해 노력하지만, 그들의 관계는 일반적인 시선에서 진정한 평등이라고 보기는 힘들었다. 오히려 트루먼은 자신이 불안정한 세계를 이끄는 제3의 시선으로 작용하는 것을 경계했고, 크리스토프는 자신이 설계한 세상이 안팎의 균열로 인해 무너지는 것을 경계했다. 다시 말해, 크리스토프의 이상은 모든 이가 완벽하게 만족하는 세상이었지만, 사람들이 진정 바라는 삶은 트루먼으로 대표 되는 자기 자신이 자유를 제한당했던 견고한 경계의 벽을 깨부수고 나아가기를 원했던 것으로 판단된다.

앞에서 언급했던 조지 오웰의 〈1984〉는 빅브라더의 체제에 익숙해지는 시민들의 자아를 마치 끓는 물 속의 개구리마냥 여겨지는 것으로 경계한다. 피터 위어 감독 또한 이 작품 〈트루먼 쇼〉에서 안정화된 삶이 지향하는 완벽한 구조가 자칫 인간으로서 의식의 균형을 무너뜨릴 수도 있음을 강조하는 모습이다. 인간은 삶의 조건을 최상으로 이끌기를 원하지만, 그것은 반드시 완벽한 것이 아닌, 때로는 불완전할지라도 그 속에서 인간으로서 영속을 이룰 수 있다는 사실을 전제로 한다. 결국 영화는 관객에게 인간 그

이토록 끌리는 영화

자체로서 눈을 뜨기를 바라는 메시지를 담아 의식 있는 목소리를 높인다. 단지 한 인물의 삶보다 이로써 엮어 내는 인간 그 자체의 삶을 이해할 기회를 만들어 준다는 점에서 영화를 바라보는 시선의 차이를 느껴볼 수 있는 작품이 아닌가 싶다.

강박증 환자가 보도블록 경계선을 넘어서는 어떤 순간

이보다 더 좋을 순 없다
(As Good As It Gets, 1997)

　학창 시절, 좋아하는 여학생을 그렇게나 못살게 굴고 괴롭히던 녀석이 있었다. 괜스레 장난을 치거나 놀리는 것은 예사였고, 언제나 그렇듯 그 여학생이 울음을 터뜨리고 나서야 머쓱한 표정으로 뒤통수를 긁적이고는 했다. 본심은 그게 아닐진대 왜 그리 한 번도 속마음을 꺼내 보이지 못했을까. 누구에게나 진심을 표현하고 전하는 것은 결코 쉬운 일은 아닐 터다. 현진건의 〈운수 좋은 날〉(1924)을 접할 때면 주인공 김 첨지의 속내가 궁금했다. 암울한 식민지 조선 시대의 삶이 자연스레 문장에 밴 것도 있을 테고, 아내를 사랑하면서도 어찌 표현할 도리를 찾지 못한 그의 '사랑'에 대한 정의를 들여다보고 싶어 했던 이유도 있겠다. 글로 읽어 내던 그 한 마디 한 마디에는, 겉으로 표현하고 싶어도 차마 끄집어내지 못한 그 순간의 울분도 함께 들어 있지 않았을까. 어느 영화에서든 반어적 표현을 찾는 것은 그리 어려운 일은 아니다. 말하자면 관객에게 직접 전달하기에 부족한 서사를 가졌기 때문이기도 하고, 혹은 이로써 메시지를 새롭게 수식하고자 하는 목적도 있을 것 같다. 이는 대사뿐만 아니라 인물의 표정과 행동까지도 담아낼 수 있는 영역인데,

이토록 끌리는 영화

우리는 화면 속에서 이를 하나의 '틀'로서 찾아볼 수 있다.

　영화 〈이보다 더 좋을 순 없다〉(1997)는 그 '틀'을 찾기에 아주 좋은 사례가 되는 작품이다. 멜빈(잭 니콜슨 분)의 입에서 나오는 많은 표현이 그의 속내와 다른 문장들로 가득 채워진 것만 봐도 그렇다. 마치 영화의 제목에서 겉과 속이 다른 이유를 대변하고 있는 것처럼 보일 정도다. 어쩌면 그 속에는 영화가 말하고자 하는 주제, 즉 '사랑'이 의미하는 근본적인 것을 찾고자 하는 여러 목적 또한 들어 있다는 생각이다. 우리는 사랑한다고 말하는 일상의 가운데에서도 이를 표현하는 데 주저하고 마음속에 빗장을 걸어 잠그기 일쑤다. 결국 영화가 꺼내는 이야기는 멜빈이 첫 장면에서 글을 쓰며 되뇌는 '사랑'에 대한 정의를 찾는 과정과도 같다. '사랑'은 여러 차례 경험하고서도 쉽게 정의하지 못하는 묘한 기운을 갖고 있다는 말이다. 영화는 이처럼 이야기를 풀어놓는 내내, 멜빈이 원하는 것과 다른 방향으로만 흘러간다. 그토록 싫어하던 강아지 버델과 며칠을 함께하거나, 평소 사이가 좋지 않던 이웃 사람 사이먼(그렉 키니어 분)을 데리고 함께 볼티모어로 향하는 것도 그렇다. 하지만 그는 평소 강박신경증으로 헤매고 있었을 뿐, 그가 표현하는 방식 그 자체로서 정상과 비정상을 나누는 기준이 되기에는 다소 부족하기만 하다. 영화의 주제에 밑줄이 그어지는 바로 그 순간이다. 캐롤(헬렌 헌트 분)은 아이의 병 치료를 도와준 멜빈에게 감사 편지를 쓰며 그녀의 엄마와 잠시 대화를 나눈다. 그리고 이내 울음을 터뜨리며 기분이 아주 묘하고 바보 같던 긴장감도 사라졌다고 말한다. 이 장면에서 그녀는 평소 주변의 모든 이들을 시기하고 있었음을 털어놓는다. 결국 영화는 말한다. 정상으로만 보였던 캐롤과 사이먼이 비정상적인 피로감을 호소하고, 비정상으로만 보였던 멜빈이 오히려 자연스러운 생동감을 갖고 있었다는 사실 말이다. 그는 자신을 괴롭히는 모든 것에 순응하고 있었고, 입은 거칠었지만 속은 결코 차갑게만 식어 있지 않았다. 결국 멜빈이 보여준 행동은 겉과 속을 달리하고 있었지만, 오히려 병을 가지고 있었던 이들은 멜빈이 아닌 다른 이들이었다.

이처럼 정상과 비정상의 구분을 희석하고 겉과 속의 표현과 본심을 흩트려 놓는 것은 감독의 의도적인, 그러니까 이 영화에서 아주 중요한 연출 방식이 된다. 인간이 가진 표면적인 것들이 눈에 보이는 전부가 될 수 없고, 또 그들의 내면이 겉으로 모두 표출될 수 없다는 사실을 깨닫게 해 주니까 말이다. 영화가 말하는 '이보다 더 좋을 순 없다.'라는 표제는 사실 '이보다 더 나쁠 수 없다.'라는 눈에 보이는 개념적인 사실로서 인식될지 모르지만, 우리의 삶이 이를 감싸 안을 여지가 있다는 사실을 일찍이 강조하고 있었다는 생각이다. 멜빈의 표정과 말이 따로 놀고 말과 행동이 구분되는 흔적은 화면 속에서 매우 강한 인상을 남긴다. 이처럼 분리된 모든 요소는 그 안에서 각각 나누어진 기제를 가지는데, 여기서 의미하는 것은 대사로서 표현되는 하나의 말이 될 수도 있고, 때로는 손짓과 발짓으로 구분되는 행동의 기표가 되기도 한다. 이는 걸음을 내딛을 때 하나의 선을 따라 우왕좌왕 사선을 그어 다니는 독특한 그의 표현법에서도 읽어 낼 수 있다. 그의 눈빛 또한 마찬가지로 언제나 술에 취한 듯 힘이 없는데, 그 눈동자 움직임마저도 제대로 된 방향을 읽어 내기가 쉽지 않다는 뜻이기도 하다.

멜빈은 캐롤이 손수 써 온 감사 편지를 끝내 받지 않는다. 그녀에게 빚지기 싫었던 그는 이를 수락하는 것만으로 그녀를 자신의 테두리 안에 놔둘 수가 없었던 것으로 보인다. 계속해서 그녀의 부족한 면을 자신이 감싸 안아야 그녀와 함께할 명분이 생긴다는 것이다. 그 생각이 그녀를 볼티모어로 향하는 동행에 함께하게 만들고, 그 여정에서 그녀와 함께한 데이트와 식당이 요구하는 넥타이, 그리고 정장까지도 그에게 강한 도전으로 다가가게 한다. 우리에게는 지극히 간단하고 쉬운 그 일이, 그에게는 정상적인 일상의 테두리 안에 들어서야 한다는 크고 두려운 한 걸음이었다. 캐롤이 늦은 시각 자신을 찾아온 멜빈을 앞에 두고, 왜 자신은 보통의 남자친구를 가질 수 없냐며 절규할 때, 그녀의 엄마가 나타나 그런 친구는 없다고 말하는 순간이 강하게 눈에 들어오는 것은 이 때문이다. 우리가 이해하는 보통 혹은 일상적이라는 기준이 대중의 시각에서 정해지는 게 결코 아니라는 이유 말이다. 우리는 모두에게 지극히 일반적이고 정상적이지만, 누군가에게는 특별한 사람이고 싶어 한다. 그 '특별하다.'는 개념이 사전적인 정의의 그것을 담아낸다면, 이는 어떤 면에서는 긍정적일 수도, 또 다른 면에서는 부정적인 것에 해당할 수도 있겠다. 그러니까 여기서 말하는 '특별하다'는 개념의 것을 이제부터 새롭게 바라봐야만 한다는 이야기이다. 흔히 말하는 '보통'이라는 게 오히려 사랑을 정의할 때 지극히 긍정적으로만 여겨지지 않는다는 사실을 포함하고 있기 때문이다.

사랑은 모두에게 특별한 모습으로 다가갈 때 제대로 된 모습을 갖추게 되고, 그 사랑의 모양과 의미가 누군가에게 특별한 의미를 생성할 때 비로소 사랑을 완성할 수 있다. 두 사람이 새벽녘 일찍 문을 여는 빵집에 들어서는 그 순간, 멜빈이 보도블록의 경계선을 실수로 넘어서는 그 순간과 드디어 마주하게 된다. 여태껏 가져온 경계가 한 번에 희석되며 그가 그토록 원했던 사랑이 진정으로 완성되는 바로 그 순간이다. 영화는 말한다. 우리가 모두 사랑하고 있다고 말하는 일상적인 것들이 반드시 사랑의 제 모습을 갖추고 있는 것은 아니라고.

이토록 끌리는 영화

이름, 그것만으로 하나의 장르

레옹
(Leon, 1994)

1980~1990년대 우리나라에 일었던 '느와르' 장르의 전성기를 이 야기하자면, 유독 '홍콩'이 남긴 흔적을 빼놓을 수 없다. 몇몇 스타 배우와 감독들을 중심으로 우정과 사랑, 야망 등의 키워드를 남겼 음은 물론이다. 사실 그들이 나름의 선전을 이끌었던 것은 당시 젊 은 세대가 사회 주도적이고 개혁적인 계층으로 역할을 맡게 된 시 기와 그 수요가 맞물려서다. 여기에 인물 개개인의 스타일을 하나 의 트렌드로 변화시킨 연출 또한 많은 보탬이 됐다. 한국은 이러한 청춘스타의 이미지와 픽션이 드러난 서사에 열광했고, 우리 젊은이 들 또한 느와르의 그것을 좇는 데 바빴다. 여기서 굳이 '느와르'라 는 장르를 언급하는 이유는 영화 〈레옹〉(1994)이 당시 프랑스 영화 특유의 '느와르', 즉 어두운 분위기 속에 범죄 그 자체를 아름답게 형상화하는 독특한 스타일을 잘 살려냈고, 이러한 느낌이 어떤 배 경 속에서 탄생하게 됐는지를 이야기하고 싶어서다. 레옹(장 르노 분) 과 마틸다(나탈리 포트만 분)의 이미지는 결국 외로움의 끝에서 서로 에 대한 감정의 의지를 눈에 띄게 구체화했는데, 이 영화는 그러한 캐릭터의 형성만으로 내게 충분히 강한 잔상을 남겼던 작품이다.

영화의 제목으로도 선택된 '레옹'이라는 인물은 킬러로서의 직업에 최적화된 인물이 아니다. 이는 마틸다와의 감정선을 염두에 둔 뤽 베송 감독의 결정 때문이 아닐까 싶은데, 보통의 냉혈한 킬러가 우연히 접하게 된 소녀와 교감하며 새로운 감정선을 형성하고 또 자신의 감정선을 무너뜨리는 작품의 전개가 일반적인 느와르 형식을 넘어서기에는 다소 아쉬운 부분이 분명 존재한다. 하지만 감독은 〈니키타〉(Nikita, 1990), 〈제5원소〉(The Fifth Element, 1997) 등의 필모그래피로 볼 때, 그러한 감정선을 다루는 데 충분한 연출 스타일을 오랫동안 보여왔다. 이 때문에 영화 〈레옹〉에서도 분명 그러한 형태가 응축되어 폭발한 듯한 분위기를 쉽게 찾아볼 수 있다. 마틸다의 가족이 스탠스(게리 올드만 분)에게 떼죽음을 당하고, 가까스로 이를 지나쳐 레옹의 방문을 두드리는 소녀의 울음 터진 모습은 카메라가 비추는 솔직한 시선을 그대로 나타내는 장면이다. 레옹의 시선에서 표현되는 '열쇠 구멍'은 경찰특공대가 레옹의 방문을 두드릴 때도 그대로 사용되는데, 이 장면이 주장하는 시선의 비교는 두 사람 사이의 감정선을 잇는 중요한 해석을 제대로 메워 주는 장면이 된다. 쉽게 말해, 해당 장면은 현실적인 공포를 드러내는 시야는 물론이고, 레옹이 바라보는 마틸다에 대한 시선, 아니 다르게 말하자면 그가 이전부터 어린 그녀를 쭉 지켜봐 왔던 또 다른 의미가 담긴 응시의 한 부분으로 나타나는 장면으로 판단된다. 이 시선이 교묘하게 드러나는 장면이 마틸다가 여러 옷을 갈아입으며 자신의 끼를 한껏 부리는 장면인데, 각각의 숏(shot)은 레옹의 표정 변화를 볼 때 그의 감정을 자연스레 대변하는 부분이 되기도 한다. 물론

▦ 이토록 끌리는 영화

이에 대한 관객과 평단의 해석이 여러 갈래로 나뉠지언정, 감독이 밝히는 직접적인 의견과는 무관하게 개인적으로 이러한 시도가 이 작품이 가진 관계의 표현, 즉 남과 여, 어른과 아이로 대변되는 감정적 이미지를 좀 더 부각해 준다는 생각이다.

영화 〈레옹〉은 레옹과 마틸다, 두 사람의 관계에 스탠스라는 인물과의 삼각 구도를 중심에 놓고 많은 이야기를 펼치지만, 무엇보다 앞에서 언급한 뤽 베송 감독 특유의 '느와르'를 완성하기 위한 액션에도 많은 신경을 썼다. 경찰특공대가 레옹의 방에 진입할 때 그 액션 신은 놀라울 정도는 아니지만, 익숙함을 배제한 신선함이 뒤따르는 과격하면서도 차분한 모습을 비춘다. 방문의 입구 위에 자신만의 공간을 만들고 뒤로 돌아앉아 진입하는 특공대원들의 뒤통수를 노리는 이 장면은, 감독 뤽 베송답게 침착하고도 대담한 각도의 장면을 선보인다. 이러한 장면은 레옹이 마틸다에게 복수를 위한 총기류 사용법을 알려주는 장면과 자연스레 이어진다. 왁자지껄하고도 소란스러운 액션이 아닌, 두 사람이 함께 있어 안정된 생활을 드러내는 또 다른 형태의 복수극은 분명 감독이 그동안 끌고 온 그만의 '느와르'를 형성하는 부분이다. 이처럼 이 작품은 '뤽 베송'이라는 이름만으로도 충분히 하나의 장르를 대표하는 프랑스식 느와르의 서사를 새롭게 완성시킨, 큰 의미를 가진 영화가 아닐 수 없다. 이 영화가 상영되었던 시간이 훌쩍 지난 지금에 이르러 그저 흔한 표현의 익숙함으로 치부될 수 있을지 몰라도, 이는 분명 하나의 장(場)에 한 획을 그었다는 것만으로 그 영향력은 현재까지 지속되고 있다고 볼 수 있을 것이다. 어울리지 않을 것 같은 냉혈한 킬러와 그를 바라보는 한 소녀의 감정선의 교차는 두 사람의 삶을 다각도의 방향에서 읽어내는 차분한 시선으로 관객에게도 또 다른 여운을 남긴다. 여기에 정말 놀라울 정도로 침착한 액션들이 화면 곳곳을 새기는 독특한 색감의 장면들이 러닝 타임을 가득 채우는 것도 장점이다. 뤽 베송 감독만이 표현할 수 있는 프랑스식 느와르의 정수, 그리고 배우 장 르노와 나탈리 포트만이 만들어 낸 개성 강한 화면을 떠올려보면, 어쩌면 이 영화만큼 모든 게 잘 어울리는 작품을 개인적으로 아직 만나지 못하고 있지 않나 하는 생각이 든다.

균형과 불균형 사이의 독특한 카타르시스

잠
(Sleep, 2023)

사건의 발단은 현수(이선균 분)가 제대로 된 잠을 자지 못하는 것에서 시작한다. 잠을 자는 도중에 갑자기 일어나 이상한 행동을 하기 시작하는 현수의 행동은 겉으로는 '몽유병'이라는 이름이 붙여지지만, 실상은 삶의 균형과 불균형을 설명하는 것으로 이해된다. 다시 말하자면, 우리 삶에서 '잠'은 신체에 쌓인 피로를 풀기 위한 필수적인 행위이다. 불균형적인 상태를 균형적인 상태로 다시 되돌리기 위해 꼭 필요한 행위인데, 이를 제대로 하지 못하는 것 자체가 문제의 발단을 언급하는 영화의 중요 부분으로 표현된다. 애초에 균형과 불균형의 문제는 공정치 않은 불균형이다. 세상의 모든 것은 균형을 찾아 나서는 일이고, 불균형 그 자체로서 균형을 지향하는 상태로 해석되고 있으니 말이다. 영화 〈잠〉(2023)은 공포, 스릴러 등 장르를 언급하기 이전에, 이처럼 '균형'과 '불균형'의 상태부터 제대로 논의할 필요가 있다. 사람들의 생활은 균형을 불균형으로 만들어가는 과정이고, 거꾸로 이야기하면 불균형적인 부분을 균형적인 안정으로 이끄는 것과 같다.

마치 순환되는 것처럼 보이는 이와 같은 생활 패턴은 세상을 살아가는 반복된 행위, 그 자체에 목적을 얹어 놓고 있는 것으로 보일 정도다. 맹목적인 사람들의 삶을 비판하는 우리는 그 누구도 삶의 행위를 쉽게 바꾸려고 하지 않는다. 영화 속에서 수진(정유미 분)은 이러한 부분에 과감히 태클을 거는 인물이다. '둘이 함께라면, 극복 못 할 문제는 없다.'라는 나름의 가훈을 내세워 주어진 현상, 즉 불균형적인 부분을 균형으로 이끌기 위해 홀로 노력하기 때문이다. 그런데도 그녀는 일반적인 삶의 관점에서 쉽사리 벗어나지 못하고, 종국에는 정신병원에 갇히는 고초를 겪는다. 다시 한번, 영화를 살펴보면 영화는 전체적으로 3개로 나누어 각 장(場)을 분리한다. 이러한 분리는 영화가 이야기하는 전체적인 텍스트와 크게 상관하지 않는다. 하지만 오히려 텍스트로 인해 분리되는 느낌을 선사하기도 하는데, 그건 바로 현수와 수진으로 대변되는 스토리 리더(Story Leader)의 변형된 부분 때문이다.

1장은 현수의 신체에 이상한 변화가 발생하면서 이러한 변화를 인지하고 진지하게 받아들이는 부분이다. 분명한 것은, 보이는 많은 것들이 불균형의 형태를 인지하게 만든다는 사실이다. 보이지 않는 슬리퍼 한 짝의 위치와 모양, 벽에 기울어져 걸려 있는 가훈 팻말, 잠을 잘 때 한쪽으로 고개를 돌리고 자는 모습, 침대를 바라보는 카메라 시선이 사선으로 삐뚤어지는 등 여러 부분에서 안정적인 균형을 포기하고 극도의 불균형을 드러내고자 노력하고 있다. 이처럼 1장을 요약하면 '불안감'이다. 균형을 잃은 채 누구에게도

▦ 이토록 끌리는 영화

어디에서도 안정을 찾지 못해 어쩔 줄 몰라 하는 각 인물의 심리가 곳곳에 드러나고 있다. 1장을 마무리하는 시기까지도 키우던 반려견의 죽음으로 끝을 맺으며 사건의 무게를 확장하는 모양새가 영화를 보는 관객에게 다음 행동의 일부분을 허투루 수용하게끔 하지는 않는다. 그렇게 바라본다면 2장은 1장에 비해 거창한 액션을 취하지 않지만, 오히려 현수의 증세를 좀 더 객관적으로 이해하며 지금껏 키워 왔던 기대감을 다소 낮추고 속도를 늦출 줄 안다.

이는 영화가 '잠'을 주제로 한다는 점에서 개인적으로 볼 때 긍정적인 부분이다. 지루함을 없애고 진지함을 보태며 사건을 '공포' 장르에서 벗어나 차츰 '서스펜스' 영역으로 키워 나간다는 점에서 그렇다. 한 가지 재미있는 사실은, 2장에서 드러나는 진실은 진실에 가까운 게 아니라는 사실이다. 영화는 현수의 증세가 신경정신과에서 판단하는 '몽유 증세'인지, 혹은 수진의 엄마가 이야기하는 것처럼 귀신이 내린 '귀접 증세'인지를 계속해서 넘나드는데, 이의 표현에 있어 현수에게 쏠렸던 관객의 시선을 차츰 수진에게로 옮겨 가는 것도 재미있는 부분이 된다. 아프고 위험한 사람은 현수인데, 정작 현수의 태도는 침착함을 유지하고 이를 바라보는 수진의 시선과 심경 변화가 오히려 빠르게 요동치는 점이 2장을 차지하는 볼거리이다. 다르게 말하면 이는 적어도 관객에게는 '치유' 혹은 '해소'의 의미에서 하나의 카타르시스를 안겨 주는 부분으로 작용하기도 한다. 물론, 1장과 2장에서 흘러온 전반적인 애매한 분위기를 해소하는 측면에서 말이다. 여기서 말하는 카타르시스는 해소의 측면이라기보다 사건의 방향을 전환시켜 주는 독특함을 갖추고 있다고 해도 좋겠다.

수진의 시선이 '불안'에서 '의심'으로 옮겨가며, 현수는 잠을 자게 되고, 수진은 잠을 자지 못하는 독특한 환경이 전개되며 이와 같은 독특한 색깔의 카타르시스는 점차 모양새를 갖춰 나간다. 하지만, 마지막 3장은 모두가 예측할 수 있는 방향으로 흘러 지금까지 이어 왔던 모든 것을 파괴하는 점이 다소 아쉽다. 수진은 현수에게 아래층 할아버지의 귀신이 들러붙었다고 믿는 귀접 현상을 신뢰하고, 이를 해소하기 위해 아래층 아주머니와 반려견까지도 해치려고 한다. 3장이 관객에게 전하는 부분은 지금까지 가져왔던 이야기 전개와 긴장감의 단순한 해소가 아니다. 오히려 그동안 끌고 왔던 대부분의 사실(우리가 사실이라고 믿었던 사실)을 한꺼번에 뒤집고 거부하려고 하는, 보기 드문 텍스트 전개를 선사해 영화의 재미를 더한다. 이것은 앞에서 말한 균형과 불균형의 묘사에 절대적으로 어긋나는 부분이 아닐 수 없고, 재미와 몰입감을 위해 이야기 구성을 재구성하는 연출의 새로운 시도가 아닐까 싶다. 결국, 하나씩 차근차근 구성되고 쌓인 이야기 전개가 아닌, 한번에 흐트러져 버린 그것들은 마지막 순간에 정점을 찍고 와르르 무너진다.

수진의 광기가 위기에 다다른 그 순간, 현수의 행동은 정말 돌아가신 아랫집 할아버지의 귀신이 귀접한 것일까, 혹은 연기자로서의 현수가 가진 프로페셔널한 연기력이 비로소 그 역할을 제대로 해낸

이토록 끌리는 영화

것일까. 물론, 영화가 그 해답을 관객에게 솔직하게 전달하지는 않지만, 적어도 영화를 이렇게 마무리한다면 관객 관점에서 남는 것은 아무것도 없게 된다. 관객은 하나씩 하나씩 근거와 단서를 끌어모아 유추하는 자생력을 갖춰야 하는데, 이마저도 이와 같은 구성과 전개로 인해 힘을 놓게 되어버리니 말이다. 영화 〈잠〉은 개인적으로 영화가 마무리되는 그 시점까지도 여전히 불균형한 시선을 거두지 못하는 작품이다. 다만, 이에 대한 해석은 보는 이의 주안점에 따라 달라질 수 있음을 분명히 해야 하겠다. 장르에 집중하고자 한다면, 이처럼 색깔 변화를 다채롭게 하는 작품이 남다르게 다가올 수 있겠고, 연출 속도와 톤의 무게에 그 짐을 얹어 놓는다면 전반적인 분위기는 긍정적이 아닐까 싶다. 구성적인 측면에서 아쉬움은 어쩔 수 없이 사실이지만, 무엇보다 현수와 수진, 그러니까 이선균과 정유미라는 베테랑 배우가 서로 티키타카를 선보이며 이끌고 간 그 쫀쫀한 긴장감이 분명 존재한다. 이야기 구성 전반에서 찾을 수 있는 독특한 카타르시스를 느끼고 싶은 분이라면 이 작품이 전하는 매력에 빠져볼 수 있겠다.

그녀가 나의 과거를 노린다

콜
(The Call, 2020)

   흔히 여러 사람의 손을 거친다는 말은, 어쩌면 상대와 소통을 시도하는 것을 의미하기도 한다. 이는 물리적인 접촉만을 이야기하는 것은 아니다. 이를테면, 내가 뱉어내는 단어와 이로 인한 상대방의 경청이 보이지 않는 영역에서 재해석되는 과정이라고 할 수 있다. 생택쥐페리(1900~1944)는 그의 작품 〈어린 왕자〉(1943)에서 이러한 '길들여지는 것'에 대한 자의적 해석을 시도했다. 사실 이조차 다각적 측면에서 합(合)의 소통 과정이라고 볼 수 있다. 누군가는 말을 하고 누군가는 말을 듣는다면, 이는 정(正)과 합(合)의 새로운 기치를 내세우는 것과 같다. 이를 가장 잘 표현할 수 있는 게 서로를 바라보는 '시선'이고, 이를 담아내는 구체적이고 명확한 매체를 꼽으라고 한다면 나는 거침없이 '전화'를 거론할 것 같다. '전화'는 목소리를 전파 또는 전류로 전환시켰다가 다시 목소리로 환원하는 과정에서 공간적으로 떨어진 이들이 서로 대화를 나눌 수 있게 돕는다. 이 단순하지만 간결한 과정은 현대사회 속 채색 과정을 거치며 변함없이 그 속에 내재되어 사람들의 소통을 잇는 확산 수단으로서 자기 위치를 견고히 한다.

이토록 끌리는 영화

이충현 감독의 영화 〈콜〉(2020)에서 간과하기 쉬운 부분은 영숙(전종서 분)의 캐릭터에 너무 몰입되어 자칫 나머지 것들을 놓치기 쉽다는 것이다. 캐릭터 이야기를 해보면, 제각기 다섯 명으로 이루어진 조연의 역할도 이야기를 이끌고 가는데 눈여겨볼 만한 역할과 의미를 생성하고 있다. 서연(박신혜 분)의 엄마(김성령 분)가 병에 걸린 채 유독 나약한 모습으로 화면을 채우는 것은 이야기의 마지막을 메우는 반전과 모성애를 부각하기 위한 의도적인 방법이었을까. 하지만 그 어느 것도 이야기를 다 접한 이후라면 기억에 남을 만한 커다란 흔적을 찾기란 쉽지 않다. 차라리 서연의 상처인 과거를 씻기 위한 수단으로 자신의 내면을 병으로 덮어 그녀의 삶에 있어 자신을 지우는 길을 택하는 방향으로 해석하는 것도 흥미로운 해석이다. 이는 영숙의 의붓엄마 지현(이엘 분)도 마찬가지다. 차가운 표정의 그녀는 무당이라는 직업의 특성상 화면에서 냉정한 표정과 행동을 잇지만, 서사의 흐름 속에서 그녀의 행동에 계속해서 당위성이 더해지기 때문이다. 결국 영화가 말하는 모정은 이를 감싸 안는 모습이나 밖으로 내치는 모습이나 모두가 자식을 향한 사랑을 내포하고 있음을 이해하게 된다.

딸기농장을 하는 성호(오정세 분)의 역할도 꽤나 흥미롭다. 이야기 구성에서 '딸기'에 대한 궁금증을 지우기란 쉽지 않다. 딸기는 꽃받침 부분이 과육으로 자라난 헛열매다. 다시 말해, 딸기의 진짜 열매는 사실 과육 부분이 아니라 씨처럼 생긴 부분으로, 사람들은 과육을 식용하고 있지만 실질적으로 우리가 열매라고 알고 있는 과육을 오해하고 있다는 것이다. 서연이 영숙을 오해한 것도 그러한 부분이다. 서연은 영숙을 통해 잃어버린 아빠를 되찾고 과거의 아픔을 돌려받을 수 있게 되지만, 이는 사실 목소리로 드러난 영숙에 대한 이미지의 적극적 투영일 뿐, 사실 서연 스스로 바랐던 실질적인 속내를 포함하지는 못했다. 결국 서연은 영숙과 소통하며 영숙의 이면을 제대로 이해하지 못하고 있었고, 귀에 들리는 그녀의 겉모습 그 자체만을 해석해 받아들이고 있었을 뿐이다. 한쪽은 과거에 머물러 있고, 한쪽은 미래를 채우고 있는 두 사람의 시공간적 구분은 전화를 이용해 이어지는 '소통'의 균형을 애초부터 깨뜨리는 불완전한 구조에 기인하고 있었다. 즉 이는 결과적으로 이야기를 한순간에 스릴러로 만드는 힘을 가지고 있었다고 볼 수 있다.

사건이 계속해서 이어질 때도 이는 마찬가지다. 영화 속 과거는 미래에 영향을 미칠 수 있는 가능성을 드러내지만, 미래를 차지한 이는 과거에 어떠한 손길도 닿을 수 없다. 일방적으로 속수무책 당하기만 하는 서연의 노출된 아픈 과거는 인터넷에서 얻은 정보를 기반으로 나름의 반격을 시도하게 되고, 이는 제대로 된 균형 있는 소통을 무너뜨리는 결과를 가져오게 된다. 결국 과거와 미래, 공격과 수비, 회생과 죽음의 상반된 상호 의미의 교환 속에서 서연은 연속된 불통 속에 외로운 외침만 가득히 채우고 만다. 영화 속에서 영숙이 전화를 걸었을 때 서연이 계속해서 이를 받지 않는 장면이 나오는데, 짧은 텍스트로 채워진 이 장면에서 영숙은 일방적인 유형의 형태를 내뱉고, 이후에 전화를 받게 되는 서연 또한 이는 마찬가

🎬 이토록 끌리는 영화

지다. 결국 말을 전달하려는 자와 듣기를 거부하는 자 사이에 놓인 짧은 구조의 이 텍스트는 어떠한 균형도 이끌지 못한 채 두 사람 사이의 거리를 더욱 벌려 놓는다. 이 장면은 그동안 이어왔던 두 사람의 소통을 한순간에 무너뜨리는 역할을 하는데, 결국 영화 속에서 '전화'는 소통의 균형을 이어주는 매체가 아닌 사용하는 이들 사이의 각자의 의미만을 전달하는 일방적인 전달자로서 불통의 결과를 가져오게 만드는 수단으로만 남게 된다.

스릴 가득한 이야기가 전개되며 서연의 상황은 원점으로 되돌아온다. 힘겹게 다시 만날 수 있었던 아빠는 다시 한번 한 줌의 재로 변해 버렸고, 아름답게 장식됐던 집 또한 먼지 가득한 흉물스러운 낡은 저택으로 돌아왔다. 어릴 적 아빠를 잃게 했던 화재의 원인이 자신이었음을 깨달은 그 순간부터 엄마의 희생으로 인한 모성애의 의미를 다시 한번 찾게 되는 그 순간까지, 모든 게 자신을 돌아보는 자기희생의 의미를 가져오게 만든다. 영화는 처음부터 마지막 순간까지 단순한 스릴러의 공포와 재미를 넘어 '서연'이라는 인물의 자기희생의 의미를 되찾게 만들고, 여기에 그 수단으로 '전화'가 활용되고 있음을 발견하게 되면서 어찌 보면 이는 성장의 개념으로 받아들일 수 있는 여지를 남긴다고 할 수 있다. 다만 부차적인 부분으로 영상의 곳곳에 인위적인 가미를 하고자 나름의 의미와 역할을 부여한 인물을 배치했으며 특히 이야기를 이끌기 위한 스토리 리더로서 영숙의 역할에 꽤 많은 무게를 올려둔 점은 흥미로운 부분이다. 여기서 배우 전종서의 열연이 관객들의 눈길을 사로잡고 있는 점은 보는 재미까지 만들어 냈다.

  영화 속에서 '전화'는 과거와 미래의 소통을 잇는 환상적인 4차원의 매개체로 묘사되지만, 이에 대한 구체적인 부연 설명이 없음은 화면 속에서 그 이상의 의미를 부여받지 않았기 때문이다. 전화뿐만 아니라 영화 속에서 표현된 과거를 상징하는 이미지, 예를 들어 '서태지'와 같은 문화적 의미를 가진 모든 요소들은 과거에 대한 추억의 회상을 도모하기 위한 목적을 넘어 과거와 미래를 잇기 위한 또 하나의 기제로 작용한다. 결국 영화에서 전화는 사용하기에 따라 영화 〈동감〉(Ditto, 2000)에서 나타난 정서적 공유의 매개체가 되기도 했다가, 〈더 폰〉(The Phone, 2015)과 같이 자신의 본질을 지울 수 있는 공포의 대상으로 변하기도 한다. 이를 어떻게 사용하고 어떻게 끌어내느냐는 '서연'으로 표현되는 주체적인 마음이 이를 행동과 의지로 구체화할 수 있다는 점에 영화의 주장이 더욱 강하게 느껴진다.

　　　　　이토록 끌리는 영화

고민이 없는 사회

돼지의 왕
(The King of Pigs, 2011)

영화가 현실을 반영한다고 한들 현실을 완벽하게 대체할 수 있을까. 눈에 들어오는 모든 것들이 분명 사각형의 프레임 안에서 새롭게 구현되고 있어도 우리는 이를 가상의 세계로 구분하고 인지한다. 아무리 4DX의 그것을 접한다 해도, 영화와 현실은 명백하게 확연한 경계를 띠고 구분되기 때문이다. 그런데 물리적인 구분이 아닌 정신적인 영역을 살펴보면 아마도 이야기는 달라질 것만 같다. 연출이 만들어 낸 기가 막힌 영역의 그것은 흡사 현실적인 구조를 창조하고 그 안에서 관객의 심리를 기가 막히게 요리조리 조절하는 능력이 있어서다. 그러니까 영화는 눈에 보이는 서사를 직접 체험하게 하는 데 그 목적이 있다기보다, 관객의 심리적인 영역을 침범하고 이를 장악하는 데 우선적 이유가 있다. 어쩌면 영화 〈메멘토〉 (Memento, 2000)의 레나드(가이 피어스 분)처럼 모조리 흔적을 지울 수 있다면 모르겠지만 말이다. 다시 말해, 영화가 관객의 기억을 건드릴 수 있다면, 그것만큼 성공적이고 묘한 목표를 달성해 내는 것도 드물다고 할 수 있다. 아마도 영화가 만드는 세상과 현실 사이의 경계를 아주 교묘하게 허무는 하나의 요소로서 그럴 것이다.

한 감독이 만든 애니메이션의 선(線)에 대해 말해 볼까 한다. 우리에게 익숙해져 버린 일본의 지브리 스튜디오 스타일과는 분명 조금 다르다. 거기에 굵은 선으로 나타나는 그것은 확실히 거칠고 다소 과격하게 보인다. 그런데도 그 속에서 인물의 감정을 읽어 내기에 그것은 최적의 선이 아닐까. 연상호 감독은 아마도 이 애니메이션의 주제에 가장 적절한 비율과 선의 굵기라고 생각했을 것이다. 그리고 그 의도는 기가 막히게 들어맞았다. 이 작품이 드라마로 영상화한 바 있는데, 개인적으로 이 작품의 그림 그 자체가 보여주는 굵은 선의 비율이 아무리 영상으로 옮겨진다 한들, 그리고 그 연기가 어떠한 새로운 서사와 맞닥뜨려 효율적인 이야기를 전개한다 한들, 그림으로 표현한 이 원작의 풍부한 이야기와 감정을 제대로 담아내지는 못할 것이다. 애니메이션 〈돼지의 왕〉(2011)은 굵은 선의 표현이 가진 거친 화면과 상상력이 하나로 결합할 때 비로소 사회 속 현실을 있는 그대로 담아낼 수 있으니까 말이다. 지옥을 겪지 못한 이들에게 지옥의 실존 여부를 질문하는 것은 그에 대한 의구심과 믿음을 부정하는 것과도 같다. 그러나 천국과 지옥의 경계는 절대 희석되지 않는다. 지금, 이 순간에도 분명 그 경계에서 어느 한쪽으로 기울기를 두려워하는 이가 있을 테니까. 나는 두 눈으로 직접 보았다. 수많은 개들과 이들을 둘러싼 두려운 눈빛의 돼지들을 말이다.

애니메이션 〈돼지의 왕〉은 여러 차례의 플래시백으로 과거와 현재를 교차하고, 이로써 과거의 잔상이 여전히 현실을 지배하고 있음을 주장한다. 우리가 잊은 채로 조금씩 잠식당하고 있는 학교 폭

이토록 끌리는 영화

력의 진실과 그 잔상을 아주 자세히 묘사하는 만큼, 그 표현이 제법 거칠고 과격하고 때로는 두렵기까지 하다. 이 작품은 이야기를 읽는 내내 나 자신이 그 공간에 서 있다면 어떤 행동을 할 수 있을까를 계속해서 되새기게 했다. 하지만 그 중심에서 우리가 어떤 대응 방식을 택할 수 있을지에 대한 단지 경우의 수만을 내세운다면, 이야기의 무게는 다소 식상하고 재미가 떨어졌을 테다. 연상호 감독은 이를 그 공간에 서 있는 경민(목소리 박희본 분)과 종석(목소리 김꽃비 분)의 시선에서 풀어냈다. 그것도 아주 세밀하고 무서운 시선으로 말이다. 우리가 익히 들어본 '이솝 우화'에 '여우와 신포도'에 관한 이야기가 나온다. 무더운 여름날, 배가 고파 지친 여우는 포도밭에 몰래 숨어 들어가 먹음직하게 익은 포도송이를 노리고 이를 따려고 노력한다. 하지만 여우의 손끝이 닿지 않는 곳에 있는 포도송이는 아무리 노력해도 이를 따기에 허사였고, 결국 여우는 돌아서며 이렇게 말한다. "어차피 저 포도는 시단 말이야."

행동의 실패를 두고 이를 직시하지 못한 채 여러 핑계를 대며 스스로 자기 합리화를 시도하는 인지부조화의 원리(cognitive dissonance)를 언급한 대표적 사례이다. 〈돼지의 왕〉에서 경민과 종석은 비슷한 구석을 남기지만 아주 세밀한 부분에서 그 차이를 보인다. 경민은 강민(목소리 조영빈 분)과 정희(목소리 한현민 분) 두 사람의 세력 사이에서 약한 모습을 보이지만, 언제나 일탈을 꿈꾸고 변화를 시도한다. 물론, 그 변화를 두려워하는 것은 사실이지만 가장 현실적이고 누구나 공감할 수 있는 대표적인 인물로 묘사하고 있음을 알 수 있

215

다. 경민과 종석 사이에 시선의 교차를 드러내는 부분은 바로 전학생 찬영(목소리 이수현 분)이다. 누구에게나 일탈의 마음이 꿈틀대지만 홀로 현실을 바꾸기에는 너무나 부족하고 어리석다는 적나라한 현실 말이다. 그래서, 종석은 관객과 더불어 가장 이상적이고 또한 가장 현실적인 시선을 공유하는 인물로 대변된다. 분명 바꿔야 하는 현실인데 노력해도 달라질 수 없는 현실. 이를 구체적으로 입 밖에 꺼내 놓은 찬영의 현실적인 말, "어차피 안 보면 그만이야." 무심한 듯 내뱉은 그 문장은 이 애니메이션 전체를 통틀어 가장 관객의 가슴을 후벼 파는 단어의 조합이 아닐까. 결국에는 이러한 현실이 또 다른 돼지를 만들고 또 다른 형태의 개를 양산하는 시작점이 되니까 말이다.

한편, 작품이 눈에 띄게 이런 방향을 강조하고 있음에도, 종석 내면의 움직임이 구체화하는 시점을 쉽게 찾지 못한 것은 개인적인 아쉬움이다. 알고 보면, 그가 누나의 유명 브랜드 청바지를 몰래 훔쳐 입고 학교로 갔을 때, 그의 누나가 워크맨을 훔쳐 달아나는 모습을 발견했을 때, 경민보다 먼저 철이(목소리 김혜나 분)의 아지트에서 고양이에게 칼을 꽂는 그 모습도 종석의 내면이 이전보다 훨씬 더 구체화하는 시점이었다. 이 때문에 철이의 존재는 종석에게 있어 너무도 큰 그림자를 갖게 됐다. 부조리한 사회를 뒤집어엎을 수 있는 유일한 존재에 대한 믿음, 그들에게 그는 미약하고 힘없는 '돼지의 왕'이 되어야 마땅했지만 연상호 감독은 살아야 할 목적과 이유를 잃어버린 돼지에게 '왕'의 자리와 역할이 존재할 수 없음을 역

이토록 끌리는 영화

설적으로 표현한다. 궁지에 몰린 쥐가 고양이에게 대들 수 있다는 이야기를 상기하면 각자의 시선에서 그 심리를 읽어낼 수 있을 것이다. 당연하게도 고양이의 입장은 어이없고 무색한 하나의 행위로서 받아들일 것이고, 반대는 자신만의 공간을 만든 채 현실을 부정하는 '에코 챔버'의 그것처럼 될 테니 말이다. 원래 '에코 챔버'는 소리가 외부로 새어나가지 않은 채 자신의 공간 안에서 뱅뱅 도는 것을 말한다. 그야말로 인공적인 행위로 막혀버린 공간이 된 것이다. 내가 바라보고 해석하는 것만 취하고 다른 생각과 시선은 배제시키는 논리, 다시 말해 아무리 현실을 말해도 이를 부정한 채 자신의 논리와 주장만으로 가득 찬 또 다른 관점으로 이해하면 어떨까.

이처럼 종석은 아주 조금씩 제 논리와 주장을 마음속에서 키워나간다. 부조리한 사회를 직접 무너뜨리지 못하는 자신에게 하나의 '왕'이 존재해야 마땅하고, 그에게 철이의 존재는 결코 무너져서는 안 되는 굳고 강건한 위치에 놓여 있어야 하는 거였다. 〈돼지의 왕〉이 이야기하는 이러한 메시지는 종석의 시선에서 바라본 철이의 존재에 대한 믿음과 신뢰, 혹은 사회적으로 그의 역할을 부각해야 하는 또 다른 제3의 시선을 언급하고 있지만, 사실 이보다 그 존재와 역할에 대한 현실적인 반성이 더욱 짙게 묻어나오는 부분이 되기도 한다. 연상호 감독은 그의 여러 작품 〈부산행〉(Train to Busan, 2016), 〈서울역〉(Seoul Station, 2016)은 물론, 〈졸업반〉(The Senior Class, 2016)과 〈염력〉(Psychokinesis, 2018), 〈반도〉(Peninsula, 2020), 〈지옥〉(Hellbound, 2021) 등에서 현실을 구체적으로 나열하고, 이 속에서 꿈틀대는 사람들의 심리, 실질적으로는 사회를 대하고 그 속에서 부딪히는 사람들의 어두운 내면을 표현하는 데 애를 써왔다. 어쩌면 〈돼지의 왕〉 또한 이러한 그의 인식을 가장 큰 목소리로 주장한 작품이 아닐까 생각된다. 어떤 매체이건 많은 이들이 봐 주고 받아들여지기 위한 목적이 있음을 고려한다면, 이로써 사람들이 어떤 생각과 행동을 취할지를 고려하지 않을 수 없을 것이다.

여기에 그의 작품 대부분은 단순한 재미 그 이상을 넘어 많은 생각과 고민을 한구석에 지그시 밀어 넣을 줄 안다. 우리의 과거, 그리고 기억 속에 어떤 이야기가 숨겨져 있고, 왜 우리는 지금까지 이를 외면하고 살아가고 있는지, 이에 대한 고민이 없는 한, 여전히 이 사회는 달라지지 않을 것이라는 사실을 구체적이고 강한 목소리로 꺼내고 있다고 보아도 무방하겠다. 이 메시지는 분명 애니메이션 〈돼지의 왕〉 내에서도, 새롭게 실사판으로 제작한 웹드라마에서도 여전히 하나의 자리를 차지하고 있다. 단지 재미만을 위한 목적이 아닌, 사회적인 이상을 실현하고 싶다는 그 목소리를 다시 한번 느껴볼 수 있기를 기대하면서 말이다.

이토록 끌리는 영화

커피 앞에서 정의(定義)를 논할 때

커피 느와르: 블랙 브라운
(Coffee Noir: Black Brown, 2017)

커피를 마실 때면, 항상 장르의 정의(定義)를 생각하게 된다. 무슨 말이냐 하면, 나도 모르게 내가 마시는 원두가 이러한 과정을 거쳤고, 이러한 향과 맛을 갖고 있으니 언제 어떻게 마시더라도 늘 같거나 비슷한 색깔을 지녀야 한다고 강요하게 된다는 것이다. 똑같은 향과 똑같은 맛, 그 안에 사로잡힌 채 늘 똑같은 것을 요구하는 것. 너무나 당연한 이야기겠지만, 달리 생각하면 '정의'라는 것은 지나치게 일상적이고 편협한 것 아닐까. 커피를 좋아하지만, 사실 커피를 너무나도 잘 모른다. 그저 좋아하는 만화 몇 번 돌려본 것으로 커피를 잘 안다고 말한다면 그것은 너무 위험한 생각이다. 원두의 차이가 어떤지, 원두가 어떤 공정을 거쳐 우리가 좋아하는 커피로 탄생하는지, 여러 매체에서 귀동냥한 정도일 뿐이다. 커피에 관심조차 없는 이들에 비해 좀 아는 척할 수 있을지 몰라도, 어디를 가서 이런 모습을 보인다면 그것은 아니지 않겠는가.

커피는 알면 알수록 모르는 존재다. 그래서 책이나 유튜브 등 여러 매체에서 커피와 관련한 이야기를 찾아보면, 웬만한 커피 전문가조차 커피를 두고 자신감을 보이는 모습을 찾기가 어렵다. 평소 카페라떼를 무척 좋아하다 보니, 동네 카페 가는 곳곳마다 카페라떼로 늘 배를 채우고는 한다. 어느 순간부터 커피 맛의 차이를 느끼기 시작했는데, 뭐가 뭔지 정확히는 몰라도 자연스레 코와 입이 그 향과 맛의 정의를 경험하고 있었다. 그러니, 내게 알맞은 원두와 맛, 그 색깔이 어떻게 묻어나는지를 스스로 이해하고 있다는 이야기가 될까. 영화의 장르도 이와 같다. 커피의 장르를 쉽게 정의할 수 없는 것처럼, 영화의 장르 또한 쉽게 정의하는 일도 어렵다. 예전에는 매체의 특성이 한 방향으로 흐르다 보니, 그런 장르의 여러 작품이 모여 하나의 장르로 정의되고는 했지만 말이다.

요즘은 매체가 워낙 다양하게 생산되는 구조인지라, 하나하나의 작품이 곧 새로운 장르를 만들어 내고는 한다. 담아내는 이야기가 다양성을 갖는 것처럼 그렇게 새로운 장르가 탄생하는데, 영화 〈카페 느와르: 블랙 브라운〉(2017)도 어쩌면 쉽게 정의하기 어려운 작품이 아닐까 싶다. 그들은 정확하게는 커피를 이야기하지 않는다. 오히려 카페인 성분이 건강을 해친다는 이유를 들어 나라 전체에 커피 금지령이 내려지는, 조금은 독특한 설정을 찾아볼 수 있다. 많은 이들이 커피를 즐겨 마시는 세상에서, 커피 금지령이 내려진다면 어떤 일들이 펼쳐질까. 이 당연하고도 원초적인 질문을 배제한 채 영화는 사람들의 시선과 태도에는 전혀 관심조차 없다. 오히려 한 카페의 위법적인 커피 판매를 변칙적으로 그려내며 디카페인 조직과 벌이는 신경전에 초점을 맞추는 이야기를 만나게 된다. 이것만 보면 정말

이토록 끌리는 영화

독특한 소재가 아닐 수 없다.

카페인의 위해성을 이야기하며 타당한 이유조차 드러내지 않은 채, 한 카페와 디카페인 조직의 느와르 형성이라니. 느와르는 흔히 범죄와 폭력 위주의 이야기를 펼쳐내지만, 사실 한 장르에 편협하게 자리 잡는 편은 아니다. 깊게 보면 장르에 대한 정의를 거부한 채 자신의 색깔을 쉽게 드러내지 않는 것 같기도 하다. 우리가 알고 있는 필름 느와르가 역사적으로 사회 비판적인 분위기를 형성한 것은 사실이지만, 그 배경이나 캐릭터 등의 영향을 받아 달리 채색되어지는 경우도 많다. 그래서 개인적으로 이 영화 〈카페 느와르: 블랙 브라운〉이 더 살갑게 다가온다. 마치 카페인과 디카페인 사이의 서부극과 같은 대결 구도 속에 웨스턴 무비가 가진 팽팽한 균형감을 드러내고자 애쓰는 것으로 보여서 말이다. 물론, 영화는 범죄와 폭력을 다루며 느와르의 대표 요소를 넘나들지만, 실상 느와르 장르의 스타일처럼 몽환적이고 잔인한 개념을 쉽게 표현하지는 못한다.

그래서 이 작품은 자신의 색깔이 무엇인지 그 개념조차 잊은 듯, 자신의 장르를 쉽게 정의하는 데 실패한다. 남은 것이라고는 영화 속 카페인 '블랙 브라운'이 의미하는 색깔에 고개를 끄덕일 수 있는 것뿐이다. 여기에 카페 여사장인 주원(조수향 분)을 둘러싼 여러 공격 요소가 그나마 영화의 재미를 덧댄다. 그녀가 속한 패밀리의 대모인 마마(박명신 분)를 비롯해, 선량한 시민을 지켜야 하는 경찰까지도 그녀의 커피를 사랑하는 순수한 마음을 오히려 공격하기에 정신없다.

더군다나 그녀가 상대하는 디카페인 조직은 직접적인 공격을 서슴지 않기도 한다. 이러한 공격에서 커피를 지켜내고자 그녀가 선택한 것은 직원 중 몇몇을 뽑아 특수 임무를 맡기는 것이다. 훈련과 실전을 병행하는 이 조직의 분위기는 마치 〈황야의 7인〉(The Magnificent Seven, 1962)처럼 외롭고 절망적이다. 물론 대단한 총격 신이나 액션 신을 보여주지는 않지만, 적어도 그러한 분위기가 못지않다는 거다.

영화의 마지막 장면에 다다르면, "사람들이 이유를 묻거나 알기 이전에 전과 후를 느껴보고 그 끝에 다다라 뒤를 돌아봤을 때 비로소 세상을 이해하게 될 것"이라는 내레이션을 만나게 된다. 일상에서 어떠한 변화가 생겼을 때, 그 변화의 전과 후를 직접적으로 마주하고 그 끝에 다다라서야 비로소 그게 어떤 의미가 있는지를 이해하게 되는 것으로 받아들여진다. 이처럼 전과 후를 느끼고 세상을 정의하는 것, 여기에 이 영화의 색깔이 담겨 있고 이 작품을 수식하는 정의가 있다면 믿을 수 있을까. 우리 삶의 많은 부분을 차지하는 것들이 한순간에 사라지게 되면, 우리는 삶을 어떻게 영위하고 어떻게 정의하게 될까. 영화는 사실적이지 않지만 상상할 수 있는 이야기에 느와르의 색깔을 덧대어 삶의 정의를 이야기하려고 한다. 삶은 변화의 연속이고 그 변화를 선택하기에 앞서 직접 경험해야 비로소 이해할 수 있다는 사실 말이다. 그 끝은 결국 후회와 반성으로 이어지는 지극히 현대적이고 사실적인 분위기가 아닐까 싶다. 이처럼 전과 후는 그 끝에 다다랐을 때 비로소 제대로 된 세상을 보여준다. 아마 블랙 브라운의 커피 내음이 진동하는 그 순간도 그럴 것이다.

📽 이토록 끌리는 영화

평등의 시선을 갈망할 때

섀도우 클라우드
(Shadow in the Cloud, 2020)

시작부터 매끄럽지 않은 것은 언제나 수상한 징조였다. 내게 어릴 적 기억은 많지 않다. 그나마 남은 사진첩 속 앳된 아이 얼굴조차도 익숙지 않은 부분이다. 기억 저편으로 사라진 살던 집도 그 골목 길도 그리고 그곳을 가득 채우던 강아지 짖는 소리와 친구들 목소리까지도 말이다. 목욕탕을 이웃에 놓고 있던 그 집은 언제나 따뜻한 물 내음을 익숙하게 만들었다. 하루는 엄마를 따라 여탕에 따라갔는데, 어느 순간 바닥에 미끄러져 탕 속에 풍덩 빠지고 말았다. 놀란 가슴으로 물속에서 울지도 못하고 그저 눈만 동그랗게 껌벅이고 있는데, 순간 누가 나를 끌어 올려 가슴에 안았다. 알고 보니 그게 엄마였다. 빽 소리를 내고 울음을 터뜨리던 어린 시절의 그때, 그 아이의 기억은 이제는 머나먼 시간 저편으로 넘어간 채 스스로 기억의 한 부분을 오랫동안 정리하고는 한다.

어쩌면 개릿(클로이 모레츠 분)의 아기도 가방 속에서 엄마의 품을 그리워하고 있었을 터다. 어떠한 상황이 벌어져도 스스로 감내한 채 엄청난 그 기운을 채 인지하지 못하면서 말이다. 그녀가 가방을 열었을 때 웃음 짓던 아기의 얼굴은 좀체 익숙지 않은 모습일 테지만, 영화의 스토리와 연출 등을 논하지 않고 잠시라도 이 순간의 기분을 느껴봤으면 한다. 어쩌면 그 감정은 쉽게 접하기 힘든 본인의 옛 추억을 조심스럽게 끄집어낼 수도 있으니 말이다. 영화 〈섀도우 클라우드〉(2020)는 스토리에 대한 기대만을 안고 덤벼들기에는 엄청난 감정의 몰락을 경험하게 만드는 작품이다. 도입부의 규모와 화면에 빠져들게 만드는 배경과 연출은 과감한 구석도 존재한다. 로젠느 리앙 감독은 초반부터 관객과 소통하고자 모든 것을 다 끌어내 보인 채 적극적으로 화면에 달려드는 모습이다. 그가 깔아놓은 소통의 장(場)은 마치 관객과 대결하는 것을 염두에 둔 듯하다. 거친 사운드와 억수같이 쏟아지는 빗소리는 관객의 귓가를 마구 어지럽히는 데 안성맞춤이다. 비행기에 그려진 그림과 'The Fool's Errand'라는 문구는 직역하면 '헛수고'로 번역되는데, 이는 정말 화면에 몰입한 관객에게 아주 처절하게 느껴지는 메시지로 다가간다.

영화는 고공 액션을 표방한다. 하지만 사실 그동안 '힛걸'로 익숙한 배우 클로이 모레츠이기에 가능한 이미지일 뿐, 오히려 모든 요소가 남성과 여성으로 대치되는 보이지 않는 계층구조의 모순, 오직 그것 하나에만 집중하고 있다고 해도 과언이 아니다. 비행기에 탑승한 비행 장교 개릿을 둘러싼 장병들의 말투와 행동은 직설적인 묘사를 넘어서고, 거기에 그녀가 앉을 자리조차 마련되지 않은 상황에서 그녀 혼자 비행기의 하부인 터릿(turret)으로 내려가는 모습도 그렇다. 자연스레 상하의 위치를 구분한 각각의 좌석은 오히려

이토록 끌리는 영화

아래에서 여러 역할을 감내하는 그녀의 모습에 스포트라이트를 안겨 이야기를 여성의 사회적 위치와 책임, 그리고 역할로 이어지도록 만든다. 주어진 편견을 극복하는 대표적 여성상의 표현에 하나의 포인트가 형성되어 있다고 볼 수 있을 것이다.

이 순간부터 모든 영화 장치는 하나의 주제를 강조하기 위한 여러 요소들의 조합에 지나지 않는다. 관객은 자칫 화면의 한구석을 차지하는 정체 모를 괴생명체에 관심을 가지게 되지만, 이는 한마디로 판단을 가리는 강력한 페이크(fake)일 뿐이다. 중반부에 다다르면 그녀는 남편의 폭행과 괴롭힘에 퀘이드(테일러 존 스미스 분)의 도움을 받아 비행기에 탑승했음을 모두에게 털어놓는다. 여기서 주목할 부분은 괴생명체와의 연결고리다. 영화의 도입부에서 줄곧 언급된 '그렘린'은 죠 단테 감독의 1984년 영화 〈그렘린〉(Gremlins, 1984) 속 괴물로, '모과이'라 부르던 이 동물은 물에 닿았을 때 파생적으로 태어나는 악동이다. 본 영화에서는 정상적인 사회를 혼란에 빠뜨리고 이유 없이 질서를 파괴하는 종족으로 인식되는데, 영화 〈섀도우 클라우드〉에서의 괴생명체 또한 이러한 성향을 따른다. 이유 없이 비행기를 부수거나 갑자기 나타나 가방 속 아기를 노리는 모양은 그녀의 남편이나 비행기에 타고 있던 장병들이 그녀를 대하는 말투와 행동 등과 부합한다.

결국 영화는 중반부터 '페미니즘'의 주제를 강하게 드러내며 스토리보다 주인공인 개릿의 인내와 활약에 집중한다. 그런데도 영화가 이를 부각하기 위한 배경으로 영화에 재미를 더하는 '고공 액션'을 선택한 것은 고개를 갸웃거리게 만드는데, 아마도 액션을 선호하는 남성 관객을 대상으로 메시지 전달의 확장성을 기대한 것도 있을 테고, 혹은 전장을 배경으로 가장 남성적인 무대에서 여성의 역할을 좀 더 부각하기 위한 목적도 있다고 생각된다. 만약 이와 같은 이유라면 클로이 모레츠를 주연으로 캐스팅한 것은 딱 들어맞는 구성이다. 이미 '힛걸'로 화려하게 등장했던 경험도 있어 당시의 이미지와 색채를 부담 없이 이어받을 수 있기 때문이다. 물론, 터릿 내부에서 한정된 연기를 펼칠 수밖에 없음은 다소 아쉬운 부분이긴 한데, 덕분에 카메라가 그녀의 시선을 다양한 각도에서 읽어낼 수 있다는 점은 그나마 긍정적이다. 그녀가 비행기 하부에 매달려 아기를 구해낼 때 카메라가 잦은 회전으로 상하를 뒤바꾸는 것도 결국 시선의 고른 배분과 전환을 선명하게 드러내는 부분이 되겠다. 이쯤 되면, 그렘린 혹은 괴생명체의 행동과 쉽게 연결되는 부분으로 볼 수 있지 않을까.

터릿은 그녀를 둘러싼 하나의 억압된 공간이자 모순된 사회적 체제였다. 이는 구조적 문제일 수도 있고 남성으로 대변되는 구성원들의 오랜 부정적 편견이 지금까지 이어진 또 다른 시선으로 구체화하기까지 한다. 그녀가 처음 터릿에 발을 들였을 때, 그곳에는 부서진 하나의 틈이 존재하는데, 이야기 측면에서는 아슬한 줄타기의 긴장을 만드는 요소로 사용되지만, 페미니즘의 주제를 들이댄다면 이는 제대로 된 균열의 시작으로 볼 수 있다. 한마디로 견고한

이토록 끌리는 영화

사회적 틀은 이미 금이 가기 시작하고 있었고, 이를 파고드는 괴생명체의 침입은 적어도 이 순간만큼은 이 틀을 깨부수고자 하는 집단적 시선을 대표하는 모습이다. 여기서 괴생명체가 터릿에 대한 침입의 개념으로 여겨지느냐 혹은 그녀와 대결을 진행하는 것으로 받아들이냐가 재미난 해석의 모양을 만들 수 있는데, 어느 쪽이든 조그만 균열이 커다란 목소리로 이어지는 것은 진실로 받아들여지기에, 영화가 주장하는 틈의 이미지가 생각보다 넓게 확장될 여지를 갖고 있다고 생각된다.

영화가 끝으로 치달으면서 괴생명체는 끈질기지만 허무하게 패배하고, '헛수고'를 내세우는 남성들의 집단적 의식인 비행기는 강한 폭발음과 함께 무색할 정도로 철저하게 무너진다. 폭발하는 비행기에서 빠져나올 때도, 그리고 괴생명체와 일대일 주먹다짐을 벌일 때도 전투 의지를 높이는 그녀와 달리 살아남은 남성들은 그저 눈칫밥만 먹고 있을 뿐이다. 이미 이들에게는 이전까지의 계층구조는 몰락한 구태의연함이며 적어도 새롭게 받아들여져야 할 시대가 시작됐음을 인식하고 있어서다. 아기의 울음은 다음 세대를 열어젖히는 새로운 사회를 암시하는데, 여기에 젖을 물리는 그녀의 모습은 결국 그 중심에 여성의 역할과 고른 시선이 이어짐을 솔직한 모습으로 응시하게 만든다. 결국 감독은 이 영화에서 재미와 상식보다 자신이 하고 싶은 말을 더욱더 사실적이고 구체적으로 담아냈다. 그리고 사회적 변화의 중심에 여성들이 존재하고 있음을 강한 목소리로 드러내어 영화의 색깔이 재미를 더한다. 어릴 적 엄마는 누구보다 강하고 전지전능했다. 여성과 엄마를 구분할 수 있어도 이를 역할의 개념으로 분리하지 않고 동일한 개념에서 바라볼 수 있었다면 영화의 재미가 훨씬 도톰하지 않았을까. 어쩌면 우리는 이 순간마저도 이러한 새로운 시선을 맞이하는 중인지도 모른다.

차갑도록 시린 그 시선

풀 메탈 자켓
(Full Metal Jacket, 1987)

러시아와 우크라이나의 전쟁이 장기전에 접어들면서, '전쟁'이라는 두 글자에 대한 소소한 회고가 시작됐다. 어쩌면 지금, 이 순간에도 지구 어딘가에서 제각기 처한 위치와 상황에 따라 또 다른 세계가 펼쳐지고 있다는 사실을 지나쳐버리는 이들이 있지 않을까. 달리 생각하면, 나 하나 먹고 살기도 바쁜데 남들까지 신경을 써야 할까 의문 부호를 표할 수도 있겠다. 하지만 상황이라는 것은, 그때그때의 사정에 맞춰 극명하게 위치를 바꾸기도 하니까 말이다. 내가 그 상황에 속하지 않으리라는 법은 없을 것이다. 물론 남이 나를 돕는다고 내가 남을 도와야 한다는 법이 없듯이, 사실 내가 남을 돕는다고 남도 나를 돕는다는 법도 없다. 그러니 자신을 챙겨야 하는 것은 당연한 논리이자 이치겠다. 그런데도, 수많은 영화가 전쟁을 소재로 인간의 내면을 들여다보고 그 아픔을 굳이 화면에 욱여넣는 이유는, 전쟁이 특별히 인간적이고 인격적이며 거창한 사명감을 띤 목적을 가진 행위가 아닌, 그저 사소하고 보잘것없는 욕망, 즉 서로의 상황이 만들어 낸 그 작은 욕심 하나에서 비롯되어 커져 나간 사례가 많기 때문이 아닐까.

딱히 생각하자면, 오랫동안 영화가 표현해 온 전쟁의 이면은 인간의 욕심과 고통의 쓰라린 한 부분을 구체적으로 드러내고자 시도한 경우가 많았다. 참혹한 현실을 쉽게 겪지 못한 현대인에게 그 모습을 생생한 표현으로 눈에 담게 한다거나, 혹은 인간이 때로는 비이성적이고 비현실적인 행동으로 스스로 아픈 과거를 만들어 낸다는 실수의 한 장면을 고발하고 반성하는 부분도 있겠다. 그렇기에 감독들이 여태껏 가능한 현실적인 묘사를 끌어내고 전쟁의 아픔을 낱낱이 카메라에 담고자 노력해 온 게 사실이다. 물론 그 현실은 쉽게 겪지 못하는 인간의 잔인성과 나약한 측면도 함께 포함하고 말이다. 스탠리 큐브릭 감독은 이처럼 다소 현실적인 측면을 담아낸 여러 전쟁 영화를 넘어 우리가 쉽게 인식하기 힘든 인간의 숨겨진 내면을 철저하게 드러내고자 했다. 영화 〈풀 메탈 자켓〉(1987)은 제목 그대로 철저하게 기계화해 가는 인간의 고독함과 차가운 면을 화면 곳곳에 표현한 작품이다. 평범한 젊은 청년들이 신병교육대에 입소하기 전 머리카락을 짧게 깎는 모습으로 시작하는 첫 장면부터 그러한 인식은 표면적으로 강조되는 모양새다. 전쟁의 서막을 알리는 이 장면은 한참을 아무런 말 없이 여지없이 잘려 나가는 머리카락의 가닥만을 주시하게 만들어, 보는 이들에게 '전쟁'의 목적과 의미를 깊게 생각하게 만든다.

서사의 프롤로그에 해당하는 이 이발 장면은 전쟁 장르에서 좀처럼 보기 드문 장면이기도 하다. 전쟁의 잔인함과 아픔을 끌어내는 현실적인 측면보다도 전쟁에 참여하는 군인들의 내면을 기꺼이 짚

이토록 끌리는 영화

어내는 예리함이 숨겨져 있기 때문이다. 이는 이보다 먼저 선을 보인 올리버 스톤 감독의 영화 〈플래툰〉(Platoon, 1986)과는 또 다른 결을 가진다. 전쟁을 묘사하는 아무런 대사, 행위, 연출 없이, 연기자의 실제 머리카락이 잘려져 나가는 그것 하나만으로 관객의 심장을 날카롭게 후벼 팔 줄 알기 때문이다. 그래서 이 영화는 일반적인 전쟁 영화와는 달리, 두 개 이상의 서사를 가져간다. 하나는 청년들이 신병교육대 생활을 하며 인간성을 잃게 되는 과정을 묘사하는 것이고, 또 하나는 실제 베트남 전쟁터에 나간 이들이 어떤 모습의 군인이 되어가는지를 말하고자 하는 것이다. 여느 영화가 그렇듯 전쟁터에서 개개인의 군인들은 체스판 위의 '말'(馬)과 같다. 지시대로 움직이고 상황에 따라서는 버려지는 것이다. 그러니 영화 속 전쟁은 정치인들의 말(言)로 희생당하는 군인들, 또는 그 군인들에 의해 희생당하는 국민의 현실을 반영하고 읽어내는 부분이 있다. 그 과정에서 이 작품 〈풀 메탈 자켓〉은 그러한 욕심이 빚어낸 정치를 직접적으로 비난하거나 묘사하기보다 젊은 청년의 내면이 점차 어떠한 군인으로 변화되어 가는지 그 과정을 간접적으로 표현해 인간 정치의 적나라함을 꺼내 보일 줄 안다.

한 가지 예를 들어보자. 8주간의 신병교육대는 인간이 아닌 군인이 되어가는 과정이다. 그 속에는 평범한 청년을 살인 기계로 만들기 위한 엄청난 고난과 고통을 안기는 표현력이 담겼다. 때로는 비인간적인 대우를 받기도 하고, 폭행과 폭언을 끌어안으며, 무시와 경멸 속에 자신이 인간이 아닌 살인 기계가 되어야 하는 당위성을 안고 있다. 소대 생활에 적응하지 못한 누군가는 스스로 죽음을 택하고, 또 다른 이는 살기 위해 이를 참고 버티며 조금씩 그 생활에 동화되어 간다. 감독이 이야기하고자 한 것은, 전쟁이 만들어 낸 참사가 비단 전쟁터에서 삶과 죽음으로 나뉘는 순간에만 있는 게 아닌, 하나의 '말'(馬)로서 성장을 거듭한 군인들 개개인이 어떤 삶을 살아가고 있는지, 어떻게 희생되어 가는지 그 누구도 관심을 두지 않는 현실을 개탄하고 있다는 사실이다. 이는 어디에서건 쉽게 버려질 수 있는 가느다란 목숨 때문이 아닌 누구도 쳐다보고 싶지 않은 차가운 현실이어서가 분명할 것이다. 그는 군인들이 차가운 땅 위에서 싸늘한 주검이 되어 가는 현실에 주목한 게 아니라, 그들이 기계화해 가는 과정, 즉 그 과정에서 이유를 찾고자 하는 물음표와 그 물음에 답해야 하는 이들이 답을 회피하는 현실을 드러내고자 한 것으로 보인다.

영화는 청년들이 온전히 차가운 금속 재질로 이루어진 전쟁 도구 '탄환'(풀 메탈 자켓)이 되는 과정만을 그리지 않고, 2막을 내세워 그들이 베트남 현지에서 어떠한 변화를 겪게 되는지에도 주목한다. 그들의 현실은 낯설고 외롭고 힘든 게 아닌, 이미 그 상황에 익숙해져 버렸다는 것에 있다. 마치 신타니 카오루의 〈에어리어88〉(AREA 88, 1985)이 그려냈던 용병의 내면을 꿰뚫는 것처럼, 그들 또한 전쟁터를 떠나고 싶은 게 아닌, 전쟁터에서의 삶에 익숙해져 버렸다는 또 다른 목소리를 듣고 있는 것이다. 이는 종군기자로 임무를 맡은 조커(매튜 모딘 분)가 스스로 전선에 투입되기를 원하고, 최전선에서

▓ 이토록 끌리는 영화

적들과 전투를 벌이는 장면 하나하나에 자신에 대한 거울을 얼굴 깊숙이 들이미는 것에서도 받아들일 수 있는 부분이다. 그러니 이 영화는 단순히 미국이라는 거대 강국의 입장에서 패배의 아픈 기억을 떠올리게 만드는 베트남 전쟁의 단면만을 그리고 있다고 할 수는 없을 것 같다. 이 영화는 말 그대로 전쟁이나 죽음, 정치적 현실에 대한 강한 비판을 넘어, 체스판 위 제대로 '말'(馬)이 되어버린 젊은 청년들의 청춘을 위한 하나의 묵념과도 같다. 그들의 삶을 지탱해 준 소중한 머리카락이 바닥에 떨어져 마구 뒤섞일 때, 결국 아무것도 아닌 삶과 청춘이 제대로 보상조차 받지 못하는 것처럼, 그들의 목숨도, 청춘도, 삶도 그렇게 아무런 의미를 부여받지 못하는 모습을 보여주면서까지 말이다.

실제 우리 삶이 그러하다면, 우리는 이를 더는 '전쟁 영화'가 아닌 '청춘 영화' 혹은 '성장 영화'라고 부를 수밖에 없다. 그렇다면, 이제 이 작품을 어떤 목적과 이유를 들먹이며 올바로 바라보고 받아들일 수 있을까. 지금에 와서, 이를 다시 거론한다면 영화 〈풀 메탈 자켓〉은 화려한 액션과 감동적인 서사를 가진 전쟁 영화가 아닌, 현대사회의 잃어버린 인간성을 강하게 비판하고 있는 작품으로 이해해도 좋을 것 같다. 철저하게 이해관계에 얽혀 우리가 알고 있던 인간성을 잃어가는 사회, 그 사회 속에서 우리는 매일 아침 힘겹게 하루를 시작하고, 커피 한 잔의 쓴 한 모금에 하루를 버텨내고, 밀린 숙제를 가득히 안고 무거운 발걸음으로 하루를 끝맺는 것이다. 그게 인생이고 삶이고 그렇게 청춘을 회상한다면, 그 청춘은 개개인의 발자국 속에 어떤 흔적을 남겼다고 볼 수 있을까. 그리고 대(大)를 위해 소(小)를 과감히 희생해야 한다는 구닥다리 명제는 도대체 어떤 구조 위에서 '소'(小)의 자리를 수식하고 목적과 이유를 들이댈 수 있을까. 결국, 스탠리 큐브릭 감독의 영화 〈풀 메탈 자켓〉은 이렇게 말한다. 차갑도록 야위어 간 젊은 청춘의 그것이 어떠한 목적과 이유도 모른 채 그렇게 자신을 불태워야 한다면, 그것은 청춘을 외면한 모두의 책임이라는 사실을 인정한 것이라고 말이다. 그리고 이 사회 속 모두가 그 현실을 인정하고 있으면서도 차갑도록 시린 그 시선으로 철저하게 외면하고 살아가고 있다고 말이다. '전쟁'은 그렇게 비단 베트남이라는 과거뿐만이 아닌 지금, 이 순간에도 여전히 계속되고 있다.

이토록 끌리는 영화

꺾지 않으면 안 되는 것들

나이트메어 앨리
(Nightmare Alley, 2021)

인간 사회 속 갈등은 대개 욕망과 연결되는 부분이 많다. 여기서 갈등은 표면적으로 드러나는 요소에 지나지 않는다. 이는 내면의 고리와 연결되어 인간 스스로 표출하는 본능적인 그것과 같다고 보인다. 그러니까 쉽게 말해 이 본능을 다스릴 수 있다면 갈등을 해소할 수 있다는 이야기와도 같다. 실리콘밸리의 기업가이자 미래학자인 레이 커즈와일은 자신의 저서 〈특이점이 온다〉에서 우리 삶의 본능을 조절할 필요가 있음을 역설한 바 있다. 여기서 말하는 '특이점'은 상태가 급작스럽게 변화하는 지점을 일컫는다. 학자들은 이를 인간 사회가 마주한 현재의 특이점, 그리고 앞으로 맞이할 파국의 특이점, 마지막으로 파국에서 벗어날 출구의 특이점으로 구분한다. 사실 이러한 사회적 변곡점을 인위적으로 꺾는다는 것은 매우 어렵고 힘이 드는 일이다. 그야말로 앞에서 언급한 욕망과도 같은 인간적 본능을 다스려야 하는 원초적이고 가치 있는 일에 해당하기 때문이다. 기괴한 형상을 통해 '본능'의 내면을 깊이 다루는 데 익숙한 기예르모 델 토로 감독은 자신의 필모그래피에서 본능이 가진 무게의 깊이를 들여다보는데 자주 치중하는 모습을 비췄다. 이를

테면 〈헬보이〉(Hellboy, 2004)에서는 외면과 내면의 경계를 무너뜨리는 작업을, 〈판의 미로: 오필리아와 세 개의 열쇠〉(Pan's Labyrinth, 2006)는 인간이 가진 공포의 영역을 용기 등으로 표현되는 다른 영역으로 세밀하게 해체하는 작업을 시도했으며, 〈셰이프 오브 워터: 사랑의 모양〉(The Shape of Water, 2017)에서는 사랑의 행위로 표현하는 인간에 대한 존중의 모습을 주장하기도 했다.

그가 표현한 인간 본능의 깊숙한 지점은 영화 속에서 단지 장치적인 요소에만 해당하지는 않는다. 오히려 공간 혹은 행위, 시간 등 군데군데에 심어 놓은 이상적인 해석으로 관객의 시선을 끌어모으기도 한다. 이 때문에 그의 작품 〈나이트메어 앨리〉(2021)는 기예르모 델 토로 감독 특유의 화법을 다양한 부분에서 끌어안는 모습을 비춘다. 스탠튼(브래들리 쿠퍼 분)이 아버지를 죽음의 불꽃으로 이끈 첫 장면의 강렬함은 영화를 바라보는 내내 잊히지 않는 기제를 표출한다. 그가 카니발의 식구가 되어 조금씩 만들어 가는 공간이 그 이유를 애써 찾고자 하기 때문이다. 그에게 있어 카니발이라는 공간은 물론, 그의 눈앞에 자리한 기인의 공간 등은 자신의 과거를 더듬기에 딱 좋은 구성이라고 하겠다. 마치 에즈라(리차드 젠킨스 분)가 죽은 부인을 위해 만든 정원이 열쇠로 갇혀져 스탠튼에게 또 다른 의미의 공간으로 다가가는 것처럼 말이다. 그렇기 때문에 화면 속에서 술과 담배, 타로카드와 여러 번 바꿔 가는 여인의 등장은 그에게 경계에 놓인 아슬함을 드러낸다. 이는 어찌 보면 개인 선택의 영역에 해당하지만, 감독은 이 부분을 놓고 분명히 선택과 다른 문제라

이토록 끌리는 영화

고 정확히 선을 긋는 모습이다. 서사를 풀어가는 과정에서 직설적으로 표현되는 이야기 속도와 화면의 스케일은 물론, 그의 불안한 모습을 보며 주위에서 충분히 만류하고 있음에도 아랑곳없이 욕망의 경계에서 쉽게 무너지는 스탠튼의 이성의 영역 또한 이를 증명하는 것이라고 하겠다.

스탠튼이 카니발에 처음 발을 디뎠을 때 등장하는 물레방아 놀이기구의 방향이 거꾸로 돌고 있음을 눈치채는 순간, 그리고 그가 마주한 기인이 '이건 자신의 모습이 아니야.'라고 외치는 순간, 관객은 스탠튼의 욕망과 집착의 방향이 가진 허술함을 단박에 알아차리게 된다. 병이 든 기인을 거리에 버릴 때, 그 뒤로 비치는 조명 'Jesus Saves'가 순식간에 모습을 감추며 오직 'Us'만 남게 되는 감독의 화법이 이를 가리키기 때문이다. 이것은 단순히 우리 사회의 삶이 무너져가고 있음을 주장하고 있다기보다, 인간 내면의 본성을 끌어내어 스스로를 구원해야 한다는 메시지를 포함하고 있다는 이야기이다. 이와 같은 메시지에 비해 영화는 술과 담배, 물욕 등을 이용해 본능의 아픈 구석을 강하게 건드린다. 하지만 결코 그 욕망을 전면에 내세우지 않는 모습이다. 오히려 카니발에 존재하는 여러 기인, 힘이 아주 센 인간, 뼈를 자유자재로 조절해 유연한 인체를 갖춘 인간, 사람의 심리를 읽어내 내면의 아픔을 깊숙한 곳에서 끌어올리는 인간, 전기를 자신에게 관통해 사람들의 시선을 끄는 인간 등 절대 평범하지 않은 이들을 내세워 평범함과 평범하지 않은 것의 경계를 보여주며 욕망과 집착에 대한 정의를 새롭게 표현할 줄 안다. 바로 인간 내면을 표면적인 형상으로 벗겨내어 진정한 추함이 눈에 보이는 것보다 내면의 욕망에서 비롯되고 있음을 드러내면서 말이다.

영화는 이처럼 인간의 불편한 한구석을 세밀하게 조명하지만 그 부분을 화면에 가득 채우지는 않는다. 술과 담배를 계속해서 비춰 그 경계를 밀어 넣는 것도 어쩌면 이를 위한 하나의 방식이 아닐까 싶다. 스탠튼이 자신의 판단력을 흐리게 하지 않고자 절대 마시지 않았던 그 술, 여기에 릴리스(케이트 블란쳇 분) 박사가 강조한 '절대'라는 단어를 세 번이나 언급한 점도 이러한 부분을 눈에 띄게 드러내고자 한 것이니까 말이다. 그러니까 여기서 술은 앞에서 지나(토니 콜렛 분)의 남편이었던 피트(데이비드 스트라탄 분)를 죽음에 이르게 한 하나의 기제이기도 하고, 스탠튼이 자기 자신을 몰락시켜 기인의 공간에 서도록 몰고 가는 또 다른 방향의 기제로 작용한다. 결국, 영화는 이와 같이 기예르모 델 토로 감독 특유의 방식을 그대로 고수하며 다양한 형상을 등장시켜 사람들을 설득하고 이를 돌아보게 만드는 기회를 제공한다. 그는 유독 자신이 만드는 영화에 기이한 형상의 괴물을 등장시켜 인간의 내면을 파고드는 방식을 즐겨 사용하는데, 이 영화에서 드러나는 괴물은 얼핏 카니발을 가득 채운 여러 기인들을 떠올리게 하지만, 오히려 인간 내면의 불완전성 속에 인간 그 자체가 괴물의 형상과 본능을 지니고 있음을 간접적으로 주장한다. 마치 '당신이 사람들을 속이는 게 아니라, 사람들이 스스로를 속인다.'라는 그 말처럼, 이야기를 이끄는 스탠튼이 욕망

이토록 끌리는 영화

을 이기지 못하고 파멸의 길로 달려가는 것처럼 말이다.

그가 에즈라를 살해하고 자신의 아내 몰리(루니 마라 분)에게 버림받은 후에 우리 속으로 들어가는 모습이 바로 이를 증명한다. 닭장을 가득 싣고 떠날 채비를 하는 열차 사이로, 경찰을 피해 숨어드는 그 장면에서 화면은 그의 모습을 앞에서 뒤로 뛰어가는 장면이 아닌, 뒤에서 앞으로 뛰어나오는 방식을 선택했다. 마치 그 모습이 갇혀버린 우리 속에서 빠져나오고자 애쓰는 모습처럼 인식되고 있는 것은 결코 우연이 아닐 것이다. 영화 〈나이트메어 앨리〉는 그 제목이 전하는 의미답게 악몽의 좁은 골목을 정신없이 맴돈다. 영화의 초반 장면에서 스탠튼이 낮게 응시한 기인의 모습이 자신의 모습과 교차되는 지점은 아슬하지만 차분하기만 하다. 영화는 간간이 '에녹'이라 불리는 아기의 시체를 응시한다. 태어날 때 자신의 엄마 자궁을 찢고 나온 묘한 분위기의 그 아기는 정상적인 출산 과정을 거쳐 태어난 게 아니다. 그야말로 겉으로 드러나지 않은 인간 내면의 본능이 표면적으로 돌출된 것과 같다는 생각이다. 에녹이 두 번째 카니발에서 스탠튼과 다시 마주하는 그 시선은 결국 스탠튼이 파멸의 말로를 맞이하는 장면으로 이어진다. 그리고 이는 이내 스탠튼이 거쳐야 할 안정적인 자궁을 벗어났음을 에둘러 표현하며 마지막 결말에 안타까운 시선을 남기게 만든다. 글의 서두에서 언급한 파국의 특이점, 바로 그것 말이다.

인간이 지금까지 해왔던 것처럼 본능의 그것을 이기지 못하고 가던 길을 계속 서두른다면, 결국 우리는 파국의 특이점을 마주할 수밖에 없다. 여기서 출구를 찾기 위해서는 결국 길을 꺾는 것 말고는 방법이 없다. 완벽하게 가던 방향을 확 틀어버리는 것 말이다. 지금은 이 상태를 유지하는 게 옳은지, 혹은 늦기 전에 방향을 완전히 틀던지 둘 중 하나를 선택해야 할 때다. 기예르모 델 토로 감독은 그의 여러 작품에서 '괴물'의 형상을 인간 내면의 그것으로 다양한 시선을 빌려서 그려냈고, 이 영화 〈나이트메어 앨리〉 또한 괴물은 아닐지라도 인간이라는 또 다른 형태의 괴물을 끄집어내 자신의 메시지를 묵직하게 담아내고 있다. 인간 사회의 여러 문제를 꼬집고 있는 이 작품은 단지 스탠튼 한 명의 인물이 가진 시선에 국한하지 않고, 더욱 폭넓은 시야로 보편적인 해결책을 요구하고 있는 듯하다. 에녹의 시선은 우리가 돌려야 할 방향의 곡선만큼이나 날카롭고 예리하다. 과연 더 늦기 전에, 우리가 결정을 서둘러 그 길을 택할 수 있을까.

믿음으로 이어지는 선택의 반전

똑똑똑
(Knock at the Cabin, 2023)

우리 삶은 유독 그 과정에서 '선택'의 기회를 많이 열어 놓는다. 개인의 자유에 의한 것도 있을 테고, 혹은 사회적 구조가 만든 강요로 인한 선택도 존재한다. 성장과 더불어 어쩔 수 없이 맞닥뜨리게 되는 것들, 이를테면 학업과 취업, 결혼과 육아 등으로 이어지는 과정도 이에 해당한다. 혹은 살면서 부닥치게 되는 여러 허들(hurdle)의 형태가 선택의 행위와 맞닿아 있기도 하다. 성경(성서)의 어느 구절을 살펴보면, 메뚜기 떼의 재앙에 관한 기록을 어렵지 않게 찾을 수 있다. 이는 '믿음'에 관한 이야기로, 우리에게 주어진 '선택'의 기회를 두고 우리가 어떤 믿음을 가져야 하는지, 그리고 어떤 선택을 해야 할지에 대해 원론적인 부분에서 언급한다. 눈에 보이고 귀에 들리는 것에 믿음을 주는 것은 그리 어렵지 않다. 오히려 그 반대의 경우가 심신의 동요를 쉽게 이끈다. 메뚜기 떼가 가져오는 바로 그 공포처럼 말이다. 영화 〈똑똑똑〉(2023)이 펼치는 이야기는, 이처럼 우리가 쉽게 경험하지 못하는 '공포'에서 시작한다. 웬(크리스티 쿠이 분)이 메뚜기를 한 마리씩 잡아 가두는 첫 장면은 이 작품이 가진 힘을 고스란히 담아내고 있는 부분이라고 할 수 있다.

영화는 숲속 작은 오두막에서 휴식을 즐기고 있던 동성(同性) 부부 앤드류(벤 알드리지 분)와 에릭(조나단 그로프 분), 그리고 수양녀 웬에게 갑자기 낯선 이방인들 네 명이 찾아와 한 명의 목숨을 내놓아야 인류 멸망을 막을 수 있다는 협박 아닌 협박을 꺼내 놓는 것에서 시작된다. 낯선 공포 속에 갑작스런 선택을 강요받는 당혹스러운 순간이지만 사실 이들의 눈앞에 이어지는 여러 사건들, 즉 지진과 쓰나미, 전염병과 여객기 추락 등은 절대 낯선 사례가 아니다. 오히려 영화 〈똑똑똑〉이 만든 이러한 배경은 현실 속에서 실제 가까워진 지구 종말에 대한 경고를 포함한다. 얼핏 종교적인 색채를 드러낸 듯 보이지만, 영화는 지극히 개인적인 관점에서 '믿음'의 행위가 극단적인 '선택'으로 이어질 수 있는 것인지에 대한 소주제를 다루고 있다. 다시 말해, 가려진 진실과 거짓 사이에서, 개개인이 어떠한 기준으로 이를 판별할 수 있는지를 더욱 현실적으로 묘사하고 있다. 이는 절대다수와 소수의 가치가 차이를 두는지 그렇지 않은지를 구분하지 않고 하나의 평등한 저울대 위에서 가장 보편적이고 논리적인 정의를 내릴 수 있다는 것을 말한다. 이렇게 보면, 영화 〈똑똑똑〉은 다양한 시각에서 해석의 여지를 충분히 열어 놓는 영화이기도 하다.

M. 나이트 샤말란 감독은 영화 〈올드〉(Old, 2021)에서도 그랬듯이, 이번 작품에서도 '왜'라는 이유에 대한 언급을 감춘다. 그는 언제나 관객에게 문제를 던지고 그 문제를 '어떻게' 풀어나가느냐 하는 서술을 시도한다. 그 문제가 어떤 배경을 지니고 어떠한 목적과 의미를 가지고 있는지에 대한 발견은 지극히 나중 일이다. 이 영화 〈똑똑똑〉

에서도 이는 마찬가지다. 영화는 결국 '선택'과 '믿음'으로 이어지는 이야기를 펼치고 있지만, 알고 보면 이조차 '풀이'로 귀결되는 해법을 찾고 있는 듯해서이다. 사회적 소수에 해당하는 동성 부부와 외면받는 동양인을 절대적 구원자로 배치해 놓았다. 그동안 사회에서 냉대를 받은 약자가 과연 절대 다수를 구원하기 위해 자신을 희생할 수 있을까. 이러한 거대 담론을 담아낸 공간이 작디 작은 숲속 오두막이라는 사실이 오히려 뒤통수를 강타한다. 지극히 제한된 공간을 던져 놓고, 보이지 않는 진실과 거짓 사이에서 운명을 갈라놓을 선택을 무리하게 강요하고 있기 때문이다. 반전에 강점을 가진 감독 특유의 스타일을 고려한다면, 솔직한 정공법을 애써 사용하지는 않았을 터, 어쩌면 앞에서 언급한 '왜'에 관한 기록 또한 이 논제에 그 단서를 숨겨 두지 않았을까 싶다.

웬의 가족이 구성되는 과정을 영화의 사이사이에 반복되는 플래시백으로 삽입한 것은, 가족의 의미, 그 자체에 선택의 무게가 놓여 있음을 강조하고 싶어서였던 것 같다. 사람들의 어려운 시선을 이겨내고 동성 간의 사랑으로 가족을 구성했으며, 자녀 또한 남들의 따가운 눈총을 견뎌 동양인 자녀를 입양했다. 결코 평범해 보이지 않는 구성에 가족이 가진 무게의 힘을 덧댄다. 감독은 이 영화에서 '오두막'을 빌어 '공간'에 대한 의미를 구현하기도 했지만, 이와 같은 플래시백으로 '시간'에 대한 가치도 그려 냈다. 수양녀 웬(Wen)의 발음이 시간(when)과 이어지는 교차점이 존재한다고 보면, 한순간 한순간이 모여 쌓이는 그들 가족 사이의 애틋함이 결코 인류의 운명

못지않다는 결론에 이르게 된다. 그런데도 영화가 던지는 선택의 강요는 이 작은 가족을 커다란 인류 존재의 무게 앞으로 끌고 나온다. 그들에게 이는 힘들고 어려운 숙제이며, 그래서 앤드류가 그랬던 것처럼 그들은 계속해서 선택을 피하고 도망치려 애쓰는 것이다. 다가오는 인류 종말의 시계 속에서 이 운명은 숲속 자그마한 오두막 안에서 아주 심각하게 진행되고 있다. 단 한 명의 목숨만을 담보로 말이다. 실존주의 관점에서 개인의 가치가 그 무게를 달리할 수 없다면, 이는 곧 절대 다수를 위해 소수의 희생을 강요하는 상황이 올바른 것인지에 대한 질문으로 마무리된다. 어찌되었건, 그토록 숨겨놓은 '왜'에 대한 대답이 이것으로 만족될지 모르겠지만 말이다.

영화는 여전히 긴장을 놓지 않는 가운데에서도 수평적인 저울대 위에 다수와 소수, 강자와 약자를 '어떻게' 동등하게 바라볼 수 있는지에 대해 지속해서 논한다. 물론 여기서도 그들은 '왜' 선택을 강요받고 있는지에 대해서 여전히 묵묵부답이다. 그러기에는 감독 스스로 이러한 측면을 꼬집어 드러내기 싫어하는 부분도 있겠다. 종교적 색채를 띤 원작 소설의 경향도 그러하거니와, 앞에서 언급한 '공포'의 출처가 '믿음'의 선택에서 나오기 때문이기도 하다. 연약한 존재인 인류의 입장에서 그들이 무장할 수 있는 것은 다수로 이루어진 목소리를 키우는 게 그 방법이자 해결책이기 때문이다. 하나하나 근거와 이유를 들어 이를 논하기에는 결국 희생이 뒤따르며, 이는 곧 다수와 소수, 강자와 약자로 나뉘는 근본적인 원점으로 되돌아가는 결론에 다다르는 듯 보인다. 그런데도 불구하고 감독은 여전

이토록 끌리는 영화

히 소수의 희생을 강요하는 풍토가 옳은 것인지에 대한 물음표를 끝까지 제시한다. 그리고 이는 약자인 그들에게 절대 권력을 건네 준 이유가 되기도 한다. 영화는 결국 정해진 대로 희생이 있었지만 아무렇지 않은 듯 이어지는 사회를 비추며 이야기를 마무리 짓는다. 영화 〈해프닝〉(The Happening, 2008)과 유사한 결말은 지금에 와서도 여전히 익숙지 않지만, 그 여운만큼은 강렬하다. 이 순간에도 선택 은 계속되고 있다. 누구의 누구를 위한 누구에 의한 '믿음'과 '선택' 이건 간에, 그저 그 희생이 나를 비껴나가기를 바랄 뿐이다.

지난한 청춘

지나간 어느 날
(The Bygone Days, 2023)

내게 있어 청춘은 언제나 불확실한 것들로 가득했다. 그리고 늘 부족함에 허덕였다. 그래서 당시에는 눈에 보이지 않는 것을 허겁지겁 채워 넣기에 바빴던 것 같다. 그래서일까, 어쩌면 청춘은 '성숙'보다 '성장'이라는 단어가 더 어울리는 듯하다. 부족함 때문인 것일까, 그러한 공간이 '미완성'이라는 수식어로 예쁘게 꾸며지니까 말이다. 아마도 그게 더 알맞은 표현이지 않을까 싶다. 겉으로 완벽한 듯해도 속으로 흔들리는 모양새보다는 백 배 낫다. 콕 짚어 말하자면, 청춘은 지나가는 시기니까. 힘들지만 지나가기 때문에, 한 곳에 머물러 있지 않기에 청춘이라고 당당히 말할 수 있고 또 즐길 수 있다. 한때 김난도 교수의 "아프니까 청춘이다".라는 말이 유행한 적 있었다. 책의 내용을 보면 하고픈 말이 무엇인지 쉽게 이해되지만, 문장에서 느껴지는 그 차가움을 쉽게 받아들이는 것은 꽤 어려운 일이었던 것 같다. 이 시대 청춘이 굳이 아파야 할까? 성장을 하려면 반드시 고통이 뒤따라야 하는 것일까? 이 질문에 대한 답은 참으로 어렵다. 고통과 성장이 반드시 비례하는 삶을 이해한다는 것은, 지금도 여전히 나를 궁금하게 만든다.

이토록 끌리는 영화

이 때문일 것이다. 영화 〈지나간 어느 날〉(2023)에서 윤영(장원준 분)의 하루가 남다르게 다가온 것 말이다. 어쩌면 그 또한 청춘으로 대표 되는 주인공이어서가 아닐까? 감독은 윤영이 겪은 하루를 세 가지 이야기로 구성해 청춘을 조심스레 정의하려고 했다. 윤영은 어느 날 한국영상자료원에 들러 영화 한 편을 보고 나온다. 그리고 그곳에서 우연히 학교 여자 후배(박현지 분)를 만나게 된다. 같은 곳에서 같은 영화를 보고 나온 것을 알게 된 이들은 자연스레 대화에 빠져들고, 어느새 두 사람은 윤영의 집으로 자리를 옮겨 술잔을 기울인다. 서로의 애인에 대해 시시콜콜한 이야기를 이어가며 시간을 보낸 두 사람은 언제부턴가 대화의 주제를 일치시키지 못하고, 각자의 목소리를 높이기에 앞선다. 윤영은 여자친구가 어느 곳에서 술을 마시고 있는데 갑자기 연락이 안 된다며 걱정하고, 후배는 평소에 흠모하는 서른 살이 넘은 남자 이야기를 꺼내며 멋있다고 이야기한다. 그렇게 무미건조한 대화가 흘러가던 중, 갑자기 남자들은 다 추하고 윤영도 추하다고 술에 취해 화를 내는 후배. 그녀에게 화가 난 윤영은 그만 돌아가라고 후배를 밖으로 몰지만, 후배는 갑자기 윤영이 좋다며 고백한다. 난감한 상황에 빠진 윤영은 후배를 겨우 설득해 그녀를 배웅한다. 영화는 갑작스레 꼬이게 된 윤영의 하루를 관객에게 어떻게 설명해야 할지 그 실타래를 찾지 못한 모양새다. 설명이 설득으로, 하지만 설득이 이해로 넘어가지 못한 것처럼 보이는 이야기는, 관객에게 지금의 이 상황을 어떻게 이해해야 할지에 대한 명확한 답을 제시하지 않는다.

후배가 멀어져가는 뒷모습을 쳐다보며 담배를 피우던 윤영은 발밑에 떨어져 있던 명함 한 장을 줍는다. 갑자기 성매매에 관심이 생긴 그는 명함에 적힌 번호로 전화를 걸고, 곧이어 어느 호텔로 자리를 옮겨 여자가 오기를 기다리게 된다. 그렇게 만나게 된 여자 (김진경 분)는 윤영과 동갑내기이다. 그녀와 이야기를 나누던 중 그녀가 윤영과 같은 학교에 다닌다는 사실을 알게 되고, 윤영은 성매매에 관한 관심을 뒤로한 채 그녀와 이야기를 나누며 밤을 새운다. 대화의 주제는 여전히 고민과 걱정이다. 윤영은 계속해서 연락되지 않는 여자친구에 대한 걱정이 앞서고, 방을 찾아온 여자는 자신의 애인을 자랑하기에 바쁘다. 서로 애인이 있는데 왜 이런 자리에서 불안정한 만남을 갖게 됐는지를 탓하는 두 사람. 결국 두 사람 모두 서로가 간직한 비밀을 이어가며 밤을 보낸다. 두 번째 이야기에서 그들은 각자 비밀을 간직하고 있다. 그 비밀은 젊은 시절의 삶에 관한 방황이나 생계에 대한 걱정, 진로에 대한 고민 등과는 다소 거리가 멀다. 어떻게 보면, 지극히 개인적이고 때로는 이기적이기도 하다. 아마도 청춘의 시기에 누구나 간직하게 되는 하나의 비밀로 이해해야 할 뿐이다. 물론, 이 또한 관객에게 이 상황을 어떻게 이해해야 할지에 대한 명확한 답을 제시하지 않는 것은 당연하고 말이다.

다음 날 아침, 학교에 들른 윤영은 공원에서 독서 중인 여자 선배 (공이슬 분)를 우연히 만나게 된다. 2년 만에 만나게 된 그녀는 오래전 윤영과 썸을 타던 선배였다. 그녀가 갑자기 유학을 떠나며 연락이

이토록 끌리는 영화

끊어졌던 두 사람은 오랜만에 만나 그녀의 유학 시절 이야기, 영화를 본 이야기 등을 나누다가 헤어진다. 두 사람의 대화는 지극히 과거의 추억에 초점이 맞춰져 있지만, 이 또한 미래에 대한 고민도 함께 안고 있는 듯하다. 그들에게 미래는 불확실한 것이기에, 이에 대한 두려움과 고민을 스스럼없이 공유하고 있는 것이다. 그리고 그 미래는 당장 답을 보여줄 수 있는 게 아니라는 것을 그들은 누구보다 잘 이해하고 있다. 그렇게 세 명의 여자를 하루 동안 만난 윤영은 이윽고 관객에게 되묻는다. 청춘의 시기, 누구나 걱정이 있고 누구나 비밀을 가지고, 누구나 불확실한 미래를 고민한다. 이 하루를 함께 보낸 관객 또한 마찬가지라는 사실을 강조하면서 말이다. 그리고 아이러니하게도 무엇인가 의욕에 넘칠 줄 알았던 윤영조차, 당장 무엇이라도 해야 하지만 의지가 없다며 담배라도 끊어야 하지 않겠느냐는 자조 섞인 푸념만 건넨다.

우성관 감독의 영화 〈지나간 어느 날〉은 청춘으로 대표 되는 젊은 이들의 방황을 소재로 하루를 잘 그려냈다. 하지만 타이틀이 지닌 주제답게 단순히 지나가는 어조로 사회를 방관하고 있는 것만은 아니다. 오히려 이 시기, 사회를 향해서 청춘이 받아들여야 할 많은 무게를 강하게 드러내고 강하게 비판하며, 아무것도 할 수 없음에 자신을 비관한다. 결국, 이 시대 이 사회가 만든 현재를 우회적으로 돌려 말하고 있다는 이야기이다. 윤영은 여자 후배와 만나며 '사랑'에 대한 정의를 내리고자 했고, 우연히 만나게 된 동갑내기 친구와 만나며 '비밀'의 의미를 표현하고자 했으며, 선배와 만나며 '미래'에 관한 고민을 주장하고 나섰다. 하지만 이 모든 것을 보고 듣고 받아들이는 그조차 아무것도 할 수 없다는 사실에 아쉬움을 표하며 관객을 바라보고 내레이션을 뱉던 그의 시선을 결국은 돌리고 만다. 물론, 이 모든 것은 그들이 맞이한 하루답게 아무렇지 않게 지나갈 수도 있지만, 이렇게밖에 할 수 없는 현실을 어쩔 수 없이 돌이키게 된다는 이야기가 아닐까. 영화는 무미건조하고 밋밋한 화면으로 보는 이에게 많은 아쉬움을 안기지만, 감독은 오히려 이러한 표현으로 이 시대 청춘이 겪는 아픔을 냉철하게 지적했다. 일상에서 누구나 겪을 수 있는 평범함이 오히려 굉장히 무게 있는 무기로 그 목소리를 높였다는 생각이다. 그 목소리에 조금이라도 공감할 수 있다면, 이 작품은 그것만으로 충분히 가치가 있다.

이토록 끌리는 영화

이토록 끌리는 영화 에세이

최은종 감독

이 책의 저자인 이동기 작가님과의 인연은 제 영화 〈이 안에 외계인이 있다〉에 대한 영화 에세이로 시작되었습니다. 감독의 연출 의도를 정확하게 파악하고 더 확장된 의미들까지 부여해 주셔서 매우 감사했습니다. 무엇보다 영화를 따뜻한 시선으로 바라봐 주시는 관점이 영화를 만드는 사람의 입장에서는 더할 나위 없이 행복한 글이었습니다. 그래서 작가님이 계신 창원에서 직접 만나 시간 가는 줄 모르고 영화에 대해서 이야기를 나누었던 좋은 추억도 있습니다.

요즈음 영화에 대한 평가와 평론이 많습니다. 하지만 대부분 냉정하고 냉소적이며 비판적인 경우가 많습니다. 그런 글들을 보면 우리가 사랑하는 영화를 보러 가는 것을 주저하게 만들 때도 있습니다. 제가 〈이토록 끌리는 영화〉를 읽으면서 너무 좋았던 이유는 영화 자체에 대한 애정이 크고, 따뜻한 시선으로 바라보기 때문에 다시 한번 그 영화를 보고 싶게 만드는 힘이 있어서였습니다.

이 책은 어렵게만 느껴질 수 있는 영화 평론과 비평이 아닙니다.

독자 여러분이 쉽고 재미있게 읽을 수 있는 책입니다. 읽는 이들에게 영화에 대한 따뜻한 시선을 키워 주며, 영화가 복잡한 현대인을 위한 소통의 도구로 사용될 수 있기를 바라는 마음이 느껴집니다. 또한 독자님들이 스스로 영화를 이해할 수 있도록 이끌어 줍니다.

이 책은 영화가 단순히 이야기를 전달하는 매개체가 아니라 소통을 위한 중요한 기제가 되기를 바라는 저자의 생각을 담고 있습니다. 이러한 소통은 우리의 삶을 흥미롭고 활력 있게 만드는 중요한 요소로 작용할 것입니다. 영화를 통해 잔잔한 행복의 여운과 삶의 진정한 재미, 그리고 의미를 독자들께 전달하고 있습니다.

차례에 따라 봄, 여름, 가을, 겨울로 이어지는 각 계절이 느껴지는 영화들은 깊이 있는 통찰을 담고 있는 다양한 작품을 다루며 영화의 재미는 물론이고 우리 삶에 대한 깊은 시각과 소통의 기회를 제공합니다.

이 책은 단순한 영화 평론서를 넘어 저자의 깊은 철학과 감성을 담아내었습니다. 영화와 삶, 그리고 소통에 대한 저자의 고민과 해답을 담은 이 책이 독자들께 영화를 보는 따뜻한 시선과 잔잔한 행복을 전해 주리라 생각합니다. 우리는 저자가 말하는 영화의 '재미'와 '소통'을 더 깊이 이해하고, 우리의 일상에서도 작은 즐거움을 찾는 눈을 가질 수 있게 될 것입니다.

훔치고 싶은 시선과
공감할 수밖에 없는 영화로의 접근

영화 블로거 '시간의 마법사 뀨우'

이동기 작가와는 〈이토록 끌리는 영화〉 속 사계절에 함께 거론되는 나른하게 향긋하거나 담백하고 개운한 커피 한 잔을 나눈 적도 없는 사이입니다. 이상하죠? 그런 그와 친하게 된 계기는 저 역시 '영화'를 보고 '영화'를 사랑하고 영화에 대한 글을 쓴다는 점이었습니다. 그래서일까요? 항상 부족해 보이는 나의 리뷰보다 좀 더 허를 찌르는 시선으로 바라보는 담백하게 와 닿는 글을 찾아보게 되다가 이동기 작가를 알게 되었습니다. 그의 책을 접하는 순간 섬세하다, 따뜻하다, 때로는 날카롭다 그러다 끝에는 훔치고 싶다는 생각이 들었던 것 같아요. 그만큼 그의 글은 질투심을 불러낼 만큼 늘 안정적이어서, 영화를 본 사람들, 혹은 이 글을 읽는 사람들이 공감할 수밖에 없는 영화의 접근을 만들어 냅니다.

이번 책 〈이토록 끌리는 영화〉는 더욱 그렇습니다. 접근성이 꽤나 쉬워졌다는 생각을 차례에 담긴 영화들을 보며 했던 것 같습니다.

그래서 반가웠어요. 무엇인가 극장과 가까운 영화를 소비하는 나와 가까운 느낌이었고, 적어도 나만큼의 영화를 보거나, 보지 않는 이들에게도 쉬이 눈길을 뺏을 수 있는 대중성이 보였던 것 같았으니까요! 작가의 전작들을 떠올려 보면 몇몇 영화들에 대한 인상적인 칼럼들이 떠오르는데 이번 책은 꼽고 싶은 영화 목록들이 너무 많아서 내심 배가 부르다는 생각까지 했습니다. 그만큼 책을 읽는 동안 공감할 수밖에 없는 영화를 향한 접근이 반가웠다는 이야기일 수도 있겠네요.

영화를 볼 때, 끝난 뒤, 그리고 크레딧 후 영화에 대한 이야기를 남길 때, 항상 저는 감정적인 접근을 시도합니다. 내가 저 상황에 처했다면, 혹은 저 주인공의 인물을 바로 옆에서 지켜보는 누군가였다면, 그런 식으로 영화를 접근하다 보면 이게 영화의 감정인지 내 감정인지 모를 만큼 갈지자의 축축히 젖은 글들이 늘 빼곡하게 채워질 때가 많더라구요. 그런데 이동기 작가는 늘 영화가 관객에게 전달하고자 하는 메시지를 정확하게 꿰뚫고 있어요. 그러면서도 그 글이 고리타분하거나 지루하지 않아요. 날 선 시선만큼 자신의 감정이 오롯하게 담겨져 적당한 균형감을 이루거든요. 한데 묶일 수 있을까 싶은 영화의 목록들이 어우러져 봄을 만들고, 겨울이 오고, 진득한 에스프레소 향이 가득한 카페로 초대한 듯 작가의 애정이 묻어나는 영화들이 빼곡하게 한 권의 책으로 채워져 우리 모두가

〈이토록 끌리는 영화〉를 사랑할 수밖에 없게 물들이더군요.

하나 하나 읽어내려 가며 감탄스러운 것은 영화를 보는 선한 작가의 마음과 그런 선함이 녹아든 글들 끝에 영글게 빛나는 영화가 오롯하게 남고 작가와 다르게 보았던 나의 시선과 작가의 시선을 녹여내 한 번 더 영화를 음미하고 싶게 만드는 매력을 진하게 남긴다는 것입니다.

적어도 감독이 전하는 영화의 메시지를 조금 더 잘 알고 싶거나, 저와 같은 영화 초보자들에게는 작가가 추천한 영화들이 궁금해지는 마법 같은 지침서가 될 만한 책이 바로 이 책이 아닌가 싶습니다. 이번 가을에 작가의 매력적인 추천이 돋보이는, 그래서 보았지만 또 보지 못했던 영화의 세계에 다시 한번 빠져 보는 것은 어떨까요?

시간의숲은 당신의 시간 속에 자라는 지혜의 나무입니다.

이토록 끌리는 영화
이동기의 영화 노트

초판 1쇄 발행 | 2024년 12월 5일
초판 2쇄 발행 | 2025년 1월 6일
—

지은이 이동기
펴낸이 임영주
펴낸곳 시간의숲
주소 서울특별시 영등포구 당산로4길 12, 112동 1703호(문래동3가, 문래자이)
전화 070-4141-8267
팩스 070-4215-0111
전자우편 book-forest@naver.com
홈페이지 www.sigansoop.com
인스타그램 instagram.com/sigansoop
페이스북 facebook.com/sigansoop
등록 제2020-000146호(2020년 10월 30일)
—

ISBN 979-11-990004-0-7 03680
정가 16,800원
—